英語の語源探訪
English Words in History

ことばと民族の歴史を訪ねて

織田哲司
Oda Tetsuji

大修館書店

まえがき

　今のイギリスがあるブリテン島は，これまで様々な民族による歴史絵巻の舞台になってきました。そしてその歴史は，1つ1つの英語の中に確実に刻み込まれています。本書は，英語が歩んできた歴史に沿って，それぞれの時代に生まれたり，あるいは英語に採り入れられたことばの語源を紐解きながら，ブリテン島に生きてきた人々のリアルな姿を描き出した肩の凝らない語源エッセイです。

　本書では，それぞれのことばの語源に入る前に，英語が大きく変化した節目ごとに「駆け足英語史」というコーナーを設けました。このコーナーでは，英語が変わらざるを得なくなった外的要因を中心に，英語とイギリスの歴史を文字通り駆け足で解説しました。これにより，1つ1つのことばが「なぜ」，そして「いつ」「どのように」変化してきたか，その大まかな道筋がたどれるのではないかと思います。

　執筆にあたっては，英語と専門的にかかわっていない読者を想定していますので，できるかぎり専門書を見ずに筆者の記憶している内容を書くことに心がけました。専門書を参照し始めるとどうしても説明が詳しく，また難解になるので，筆者の頭の中に入っていることだけを平易に書き

進めました。ただ1000年も前の語形などを扱うときには，綴りの確認のために辞書類を参照することにしました。

　筆者の頭の中にことばにまつわるたくさんの知識を注いで下さったのは恩師である上智大学名誉教授の渡部昇一先生と，同じく上智大学教授の土家典生先生でした。したがって，本書には両先生のご著書の内容と重複する部分が少なからずあることをこの場を借りてお断りすると同時に，これまでの学恩に対し，心からの感謝の気持ちを述べさせていただきます。

　両先生に加えてお名前をあげなければならないのはミュンスター大学名誉教授カール・シュナイダー先生（1912-1998）です。渡部先生の恩師にあたるシュナイダー先生の最晩年に何度もお目にかかる機会に恵まれ，直接お話を伺ったり，ご論文をいただいたりして大いなる刺激を受けたことは望外の幸せでした。印欧語族や古代ゲルマン人の世界観と語源に関する洞察の深さとスケールの大きさにおいて，シュナイダー先生は間違いなく20世紀最大の語源学者でした。

　そのようなわけで，本書の中の，筆者自身の研究成果といえば，いくつかの単語の語源にしぼられるかもしれません。しかしそれでもよいと思っています。学恩を受けた偉大な碩学の研究成果をいったん筆者自身の精神に取り込んで，次にそれを筆者自身のことばで語るのもそれなりに意味のあることだと思います。

　ミュンスターのシュナイダー先生のもとではじめて一夏

を過ごさせていただいた年からまる20年後に，その町での研究生活が実現し，おまけに筆者が滞在した宿舎のそばには渡部先生がかつて留学生活を送られたという学寮がありました。そんなご縁のある地で本書の草稿はできあがりました。

　もともとは私が始めたブログのための原稿でしたので，書籍化するにあたり大幅な原稿の整理などが必要でした。その際にたいへん有益なアドバイスと手助けをいただいた大修館書店の米山順一氏には末筆ながらお礼を申し上げます。ありがとうございました。

　２年ぶりに過ごす日本での蒸し暑い日に

織　田　哲　司

目　次

まえがき・・・・・・・・・・・iii

プロローグ●語源を探る愉しみ・・・・・・・3

第1章　英語の夜明け前
～ケルト人とローマ人の時代～

【駆け足英語史①】英語の夜明け前・・・・・10

01・・・[Great Britain]・・・・・・・15
　　　何がグレートなのか
02・・・[Johnny Walker]・・・・・・・17
　　　イギリス版「万里の長城」のそばで作られた
　　　ウィスキー
03・・・[MacIntosh/O'Brien]・・・・・20
　　　名前の付け方あれこれ
04・・・[car]・・・・・・・・・・・23
　　　ローマ人を驚かせたケルト人の武器
05・・・[-chester/-caster/-cester]・・・・・26
　　　地名に残るローマ軍の「陣営」
06・・・[street と route]・・・・・・・29
　　　すべての道はローマに通ず

07 ・・・ [Wales] ・・・・・・・・・・・・ 33
　「よそ者」ウェールズ人
08 ・・・ [water] ・・・・・・・・・・・・ 35
　ぬかるみを渡ってきたゲルマン人

第2章　古英語の時代Ⅰ
～八百万の神々を信じたアングロ・サクソン人～

【駆け足英語史②】古英語の時代Ⅰ・・・・・40

09 ・・・ [Easter] ・・・・・・・・・・・ 45
　イースターと「卵」の関係
10 ・・・ [art] ・・・・・・・・・・・・・ 48
　神の手になる作品
11 ・・・ [shaft] ・・・・・・・・・・・・ 50
　世界を支える「柱」
12 ・・・ [do] ・・・・・・・・・・・・・ 53
　家を建てるときの音
13 ・・・ [make と work] ・・・・・・・・ 55
　神が造る家
14 ・・・ [rich/right/reach] ・・・・・・・ 59
　天に向かってまっすぐ伸びる
15 ・・・ [measure] ・・・・・・・・・・ 62
　メジャーで測ったものとは
16 ・・・ [drive/drop] ・・・・・・・・・ 65
　ズルズル伸びる植物

17 ・・・ [old] ・・・・・・・・・・・・・・・・ 68
　　　「成長」と「老化」は同じこと
18 ・・・ [belief] ・・・・・・・・・・・・・・・ 71
　　　木々の葉に宿るゲルマンの神
19 ・・・ [sun と ring] ・・・・・・・・・・・・ 74
　　　太陽の馬車
20 ・・・ [swastika と solar] ・・・・・・・・・ 77
　　　はるか昔の太陽の音
21 ・・・ [bright/photo/fire] ・・・・・・・・ 81
　　　光り輝くことば
22 ・・・ [book] ・・・・・・・・・・・・・・・ 84
　　　本は「男性」か「女性」か
23 ・・・ [weird と should] ・・・・・・・・・ 87
　　　サイコロを操る運命の女神たち
24 ・・・ [beer/whisky/wine/mead] ・・・・・ 90
　　　酒と神の関係

第3章　古英語の時代 II
～キリスト教に改宗したアングロ・サクソン人～

【駆け足英語史③】古英語の時代 II ・・・・・・ 94

25 ・・・ [England と English] ・・・・・・・・ 98
　　　なぜ Englandish ではないのか
26 ・・・ [Oxford] ・・・・・・・・・・・・・ 100
　　　オックスフォードとボスポラス海峡の関係

27 ･･･ [mark] ･･････････････････ 103
　　　マージー・ビートからマキアートまで
28 ･･･ [king] ･･････････････････ 106
　　　king の 'k' にも意味がある
29 ･･･ [lord と lady] ･･････････････ 108
　　　「主人」と「婦人」に共通するもの
30 ･･･ [free] ･･････････････････ 110
　　　「愛」から生まれたことば
31 ･･･ [watch/wake/wait] ･･････････ 112
　　　胸の高鳴りを表すことばたち
32 ･･･ [Viking] ･･･････････････ 115
　　　Viking の 'vik' の意味
33 ･･･ [thing] ･･････････････････ 118
　　　「もの」のもとの意味
34 ･･･ [law] ･･･････････････････ 122
　　　ヴァイキングの置き土産
35 ･･･ [shirt と skirt] ･･････････････ 125
　　　別々の道を歩んだ双子のことば
36 ･･･ [them と 'em] ･･････････････ 128
　　　古ノルド語と古英語の生き残りをかけた戦い
37 ･･･ [play] ･･････････････････ 131
　　　「遊び」のイメージ

第4章　中英語の時代
～フランス化するイングランド～

【駆け足英語史④】中英語の時代・・・・・136

38・・・[news]・・・・・・・・・・・・・141
　　何が「新しい」のか
39・・・[hotel と hostel]・・・・・・・144
　　ホテルとホステルはどこが違う
40・・・[catch と chase]・・・・・・・147
　　2種類のフランス語
41・・・[ox と beef]・・・・・・・・・150
　　ox と beef はどう違う
42・・・[big]・・・・・・・・・・・・・153
　　big の 'b' は「ブクブク」の「ブ」
43・・・[spade]・・・・・・・・・・・156
　　おめでたいトランプのマーク

第5章　近代英語の時代
～ルネサンスと宗教改革～

【駆け足英語史⑤】近代英語の時代・・・・・160

44・・・[Renaissance]・・・・・・・・166
　　地中海文化の再燃
45・・・[science と occult]・・・・・169
　　見えるものと隠されたもの

xi―[目　次]

46 ··· [logos] ·············172
　　　ワインの中に真実あり
47 ··· [psyche と spirit] ·······175
　　　神様の息の音
48 ··· [environment] ··········178
　　　「環境」は「風」からできている
49 ··· [dirt] ··············181
　　　「泥」はどろどろしたもの
50 ··· [island] ·············184
　　　思い込みが生んだことば
51 ··· [education] ···········187
　　　英語版「大和ことば」の復活
52 ··· [culture] ············190
　　　土に根ざす「文化」
53 ··· [enlightenment] ········193
　　　啓蒙主義と宗教改革

　　　エピローグ◉ことばとともに生きる愉しみ···197

　　　　　　◉英語・英国史年表········201

英語の語源探訪
～ことばと民族の歴史を訪ねて～

● プロローグ

語源を探る愉しみ

人間の認識と語源

　もしことばがなかったら世界はどのように見えるでしょうか。それは朦朧とした風景が広がっている，ただそれだけの世界ではないでしょうか。ことばさえあれば，それは「壁」であったり，「天井」であったり，「床」であったりするものが，ことばをもたぬが故に，単なる一続きの無意味なモノにしか見えません。

　しかし実際のところ，それでは困るのです。われわれの脳がそれを許さないのです。そこでまずわれわれは一続きの物質に切れ目を入れて，ある物とほかの物を区別します。この瞬間が思考の始まりです。そして次に，上にあるものが「天井」，下にあるものが「床」，そしてそれらの間に垂直に立っているものが「壁」というように名前を付けます。ことばを持たないほかの動物も切れ目を入れているのでしょうが，それは突き詰めれば食糧とそうでないものとか，仲間とそうでないものを区別しているにすぎないはずです。ところが人間は，脳が高度に発達しているために，まず世界に細かく切れ目を入れ，そしてそれに様々な音声標識（＝名前）を貼り付けます。こうして名前が生まれると，「世界のカタログ」のできあがりです。無秩序な世界は人

間の精神に摂取され、秩序ある有意味なものとして所有されるのです。世界の認識と命名は表裏一体の行いであることがわかります。

　物に名前を付けるとき、われわれは言語音を用いてその物の形状をどうにか表現しようとします。そのとき身振りで何かを表現するのと同様に、喉や口の筋肉を使い、もっともふさわしいと思われる音を作って表現しようとします。たとえば「コロがる」などが1つの例です。言語音を操る人間の脳は、ある音に一定の象徴性を感じ取ります。これを音象徴といいます。音象徴はもっとも原始的であり、かつもっとも人間的な造語法であるといえます。

　以上は人間一般の認識および言語の始まりについてのあらましでした。人間がこの世に発生したのは約20万年前と言われています。言語学者の見積もりによれば、言語の痕跡をたどることができるのはそのうちの1万年前までだそうです。

印欧語族

　印欧語族とは、東はインド、西はイベリア半島までの広大な地域で話されている大半の言語のことで、これらは人間でいえば血縁関係にあり、約6000年前には同一の言語だったかもしれないと想定されている言語群のことです。英語も印欧語族の一員です。また、再建された約6000年前の言語は「印欧祖語」と呼ばれています。印欧祖語の語形（語根）は推定形を示す*（アステリスク）を付けて表記

します。

　現在のロシア南部，黒海とカスピ海周辺の草原地帯にいた印欧語族の人々は，徐々に南東方面と北西方面へ大きく分かれて移動し始めます。南東へ行ったグループはペルシャ語や古代インドの言語であるサンスクリット語をもたらしました。これは仏典のことば（梵語(ぼんご)）として日本語にも入ってきています。また北西へ進んだグループはイベリア半島に至るまでのヨーロッパの大半の言語を生み出しました。

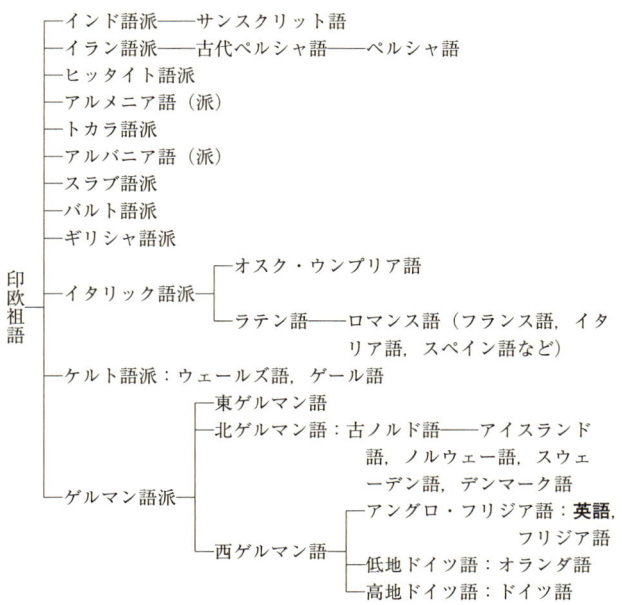

印欧語族の系統

このようにして広大な地域に広がった印欧語族にはおよそ12の語派が含まれています。英語はドイツ語やオランダ語，北欧の諸語とともにゲルマン語派に属しています。紀元前1000年頃にゲルマン語派が印欧祖語から分離したときに，特徴的な子音のずれが起こりました。印欧祖語の p, t, k などの子音がゲルマン祖語では f, þ, h へと変化したのです。たとえば英語の father は印欧祖語の *pətēr にあたります。一連の子音対応は，それを発表したヤコプ・グリム（1785-1863）の名をとって一般に「グリムの法則」と呼ばれています。

英語の時代区分

　英語の歴史はゲルマン人がブリテン島へやって来た450年頃からノルマン征服があった1100年頃までの古英語時代，それ以降1500年頃までの中英語時代，そして1500年以降現在まで続く近代英語の時代に区分されます。

　英語の語源探求は，まずその単語が英語の語彙に加わった年代の確認から始まります。印欧祖語の時代から現代の英語までずっと残っている単語（本来語）もあれば，どこかの段階で別の言語から採り入れられて英語になった単語（借用語）もあります。また，同じ語源から派生したのち，別々の単語（同族語）になったものもあります。

　英語史の中では大量の外来語が英語に流入する波がいくつかあります。まず8世紀以来ブリテン島への襲撃を繰り返したヴァイキングによってもたらされた古ノルド語，そ

して1066年のノルマン征服後の約400年間にもたらされたフランス語，さらには16世紀から始まるイギリスのルネサンス期に借用された大量のギリシャ語やラテン語です。

　発音が外来語の借用時期を知る目安になることがあります。近代英語初期に起こった大母音推移と呼ばれる母音の変化を経験しているかどうかにより，その単語がこの時代以前のものか，のちに英語に採り入れられたものかがわかるのです。詳しくは近代英語のところで述べますが，この頃に起きた母音の規則的な変化の1つが [iː] → [ai] です。たとえば，wine は大母音推移の前から英語に入っていたため，発音は [wiːnə] から [wain] に変化しましたが，machine は大母音推移の後に英語に入ってきたため，発音は [məʃain] とはならず [məʃiːn] のままです。

　そのほかにもいつの時代にも起こる音の変化として口蓋化という現象があります。これは，子音を発音する場所が，上あごの天井にあたる口蓋の前（硬口蓋）か後（軟口蓋）にずれることです。そのため同じ語源の単語でも別々の歴史をたどることで発音に違いが生じることがあります。元は同じ *sk- で始まっていても，skirt は [sk] のままですが，shirt が [ʃ] になったのは口蓋化のためです。（なお，本書では音の説明に際しては，発音と音素を区別せずに表記しています。）

新しい視点

　従来の印欧比較言語学では，主として民族移動によって

引き起こされた音韻変化をさかのぼることにより語源は探求されてきました。しかし本書で紹介する語源には，従来の方法論では採用されなかった視点を採り入れています。

　それは，当時の人々の信仰にもとづく世界観です。単語は人間が切り取った世界像の反映なのですから，古代の人々が世界をどのように切り取ったのかという視点は音韻研究に劣らず不可欠です。

　その世界観とは，ギリシャ神話やゲルマン神話，インド神話などが成立する以前に存在していたであろう神々の系譜によれば，全宇宙の源となる原初神から「父なる天」と「母なる大地」が分かれ，さらに両者の神聖結婚により天の神，地の神，そして大気の神が生まれたとするものです。その他に若い兄弟神などを含めて十柱の神々から成り立っています。日本と同様に八百万の神の世界といってもよいと思います。しかし，なかでも一族の始祖である原初神がもっとも重要であることはいうまでもありません。原初神には「世界卵」や「世界大工」など様々な名称が与えられて，古代の人々の存在理由を説明してきたのです。

　長い間，語源探求は言語学の中でどちらかといえば趣味の学問のように思われてきましたが，本当はそんなことはありません。語源は人間の世界認識を知る貴重な手がかりなのです。古代から現代に至るまで，人間が世界をどのように認識してきたのかをことばの窓から探るのは，知的にも愉しいことです。

［第 1 章］

英語の夜明け前
～ケルト人とローマ人の時代～

●・駆・け・足・英・語・史・①

●英語の夜明け前

ブリテン島の歴史

　日本列島はユーラシア大陸の東の端に，そしてブリテン島はその反対側，ユーラシア大陸の西の端に浮かぶ島ですが，地球が少し若かった頃には両者ともに大陸とつながっていたようです。ロンドンを流れるテムズ川も，パリを流れるセーヌ川も，そしてドイツのライン川も，もともとは1つの川の本流と支流だったと知ると，いまわれわれが頭の中にもっているヨーロッパの地図が大幅に書き換えられるような気がします。

　大陸の一部だった「ブリテン島」では，長い歴史の中でいろいろな民族がやって来ては住み着いたり，また後続の民族に亡ぼされたり，混血したりすることの繰り返しだったようです。この中にはウィルトシャにあるストーンヘンジを残した新石器時代の人々も含まれているのですが，言語資料を残していないので，残念ながら考古学の対象にはなっても英語史の対象にはなりません。

　いまわかっているところで言えば，言語文化の痕跡を残しているのはケルト人以降の人々で，それは現在までのたかだか2500年ぐらいの間の出来事にすぎません。ケルト人がやって来た頃にはとっくの昔にブリテン島は大陸から分離していました。彼らのことばはイギリスの地名などわず

●・駆・け・足・英・語・史・①

ストーンヘンジ

かな単語にその痕跡を残しているのみです。

ケルト人

　ケルト人はブリテン島に言語の痕跡を残した最初のグループです。彼らはもともと中央ヨーロッパのドナウ川地域の草原地帯で早くから馬を飼い慣らすことを覚えた騎馬民族でした。そして現在の西ヨーロッパ中央部にあたるガリア地方へ入ってきました。

　鉄器時代の紀元前700年頃から紀元前100年頃にかけて，ケルト人はブリテン島に移住してきます。しかし現在ケルト系の言語が残っているのはアイルランド，スコットランドの高地，マン島，そしてウェールズなどに限られています。これは，のちの紀元5世紀半ばにドイツ北部沿岸から

やって来たゲルマン人によってケルト人がブリテン島の周辺部へ追いやられた結果です。コーンウォールにもケルト系の言語が存在していましたが、この地の最後の話者は1777年に亡くなってしまいました。

　一般的にケルト人は血のつながりによる氏族意識が強いと言われています。そして氏族は固有の格子柄をもっていて、これがタータンの模様として用いられています。また、ケルト人の血統は Arthur や MacDonald のような名前に残っている程度です。現代ではアングロ・サクソン系の人々との間で普通に婚姻が行われているので、いまのイギリス人の中にはケルト系の血がたくさん入っています。したがって、ケルト人やケルト文化は、人種的な差異というよりも、スコットランドやウェールズの単なる地理的な地方色として受け取られています。

ローマ人のブリテン島支配

　ケルト人の次にブリテン島へやって来たのはローマの将軍ジュリアス・シーザー（BC 100-44）でしたが、思いのほか強力なケルト人の抵抗に遭い、結局この島にローマの支配を確立することはできませんでした。

　ローマの組織的なブリテン島征服が開始されたのは、シーザーが侵攻を試みた約100年後の紀元43年の皇帝クラウディウス（BC 10-AD 54）のときでした。

　その後ローマ人はブリテン島の支配を進めました。そして1世紀末には北部を除くこの島の大半がローマの軍隊に

●・駆・け・足・英・語・史・①

よって占領されたことで、ブリテン島は正式にローマの属州(プロウィンキア)になりました。この属州はローマ人が話していたラテン語で「ブリタンニア」と呼ばれました。ただし注意しなければならないのは、この時代のラテン語はのちの英語にほとんど影響を与えていないということです。なぜならば、現在に残る英語の話者はいまだこの島にはいなかったのですから。

ローマ人のブリテン島撤退

かくしてローマは広大な版図をもつ帝国となりました。そこでは地中海はローマ帝国という広大な土地の真ん中に存在する文字通りの「内海」になりました。日本でいえば瀬戸内海です。ちなみに地中海はMediterraneanといいますが、Medはmidと同じで「中」を、terraは「大地」を意味します。これに漢字を当てると「地中」になります。

ところがローマは徐々に周辺の蛮族からの攻撃を受けるようになります。ローマ本国においてもゲルマン人の攻撃が強まり、手薄になった本国の軍隊を補強するために、ローマ軍はブリテン島からの部隊の引き上げを余儀なくされました。ローマを攻撃した部族のなかにはゲルマン人のヴァンダル族が含まれていました。このことから「芸術破壊、野蛮行為」を表すvandalismという言い方が生まれました。410年8月24日、ついにローマを陥落させたのは、同じくゲルマン人の西ゴート族を率いるアラリック(360-410)でした。

◉・駆・け・足・英・語・史・①

　ブリタンニアでは，410年に最後のローマ軍が撤退したことで，約400年におよぶローマのブリテン島支配が終わります。ローマの属州としてのブリタンニアは，いわば大陸のガリアと同じような状態でした。つまり，土着民族はケルト人であり，そこにローマ軍が配備した道路（via strata）と陣営（castra）が残ったわけです。

　歴史に「タラ，レバ」はないといいますが，もしローマ人の撤退のあとにゲルマン人が侵入して来なかったら，後のイギリスは，現在のフランスやスペインのような言語状態になっていたかもしれません（曇り空の下のラテン文化はちょっと想像できませんが……）。しかし事実は，5世紀半ばにゲルマン人が侵入してきたために，イギリスと大陸のラテン系諸国の間にはその後の言語文化の歴史で大きな違いが生じることになるのです。

01

Great Britain
▼
〜何がグレートなのか〜

　イギリスの正式国名は United Kingdom of Great Britain and Northern Ireland（グレート・ブリテン及び北アイルランド連合王国）といって，その略称には UK と GB があります。日本からイギリスへ郵便を出すときには封筒に UK と記しますが，イギリスへ行くと現地の車には GB と書かれたステッカーを貼って国籍を表しています。これら2つの略称は，長い国名を省略したものですが，北アイルランドの人々のなかには，GB の使用を快く思わない人もいるそうです。北アイルランドはブリテン島の隣の島の一部ですから，GB に抵抗感を抱くのは当然ではあります。

　さて，紀元前1世紀以来，フランスの対岸に浮かぶ島をほぼ手中に収めていたのはケルト人でしたが，のちの紀元43年になってやって来たローマ人は，ケルト人のことを Brittanni（ブリタンニ），そしてこの島のことを Brittania（ブリタニア）と呼びました。Brittanni のもとになったケルト語の britto とは「絵，紋様」を表すことばで，これをローマ人がケルト人を指すことばとして彼らのラテン語に採り入れたものです。というのも，彼らと接触をもったケルト人（ブリトン人）は，肌に絵を描く習慣があったからだと言われています。

その後，ラテン語の Brittania は11世紀以降に中世のフランス語から英語に入り，それが現在の Britain になっています。一方で，ブリテン島の向かい側，フランス北西部にブルターニュ地方（Bretagne）がありますが，これは古フランス語の Bretaigne にもとづきます。したがって Britain と Bretagne はもともと同じことばでした。

　ではなぜ Britain に Great が付くのかといえば，それは極めて単純な理由によります。ブリテン島はフランス北西部のブルターニュ地方と比べてより大きな面積をもっていたためそのように呼ばれたにすぎません。

　そういえば，単にその土地の大きさや小ささがそのまま地名になることはしばしばあります。日本には大島や小島がいくつもありますし，またスペインの地中海沖合には，かつてショパンがジョルジュ・サンドとともに過ごしたマヨルカ島（Majorca）があります。この島はラテン語では Insula Major（インスラ・マヨール）と言いました。隣の島よりも「大きい」という意味です。その隣の島はメノルカ島（Menorca）でラテン語では Insula Minor（インスラ・ミノール）と言いました。まさに大島と小島です。

　地中海から日本へ目を移すと，明治22年以来，日本は大日本帝国と称しましたが，これはイギリスの Great Britain を真似たものであると言われています。おそらく明治の元勲たちは Great Britain の great に「偉大な」という意味を見いだして，わが国の名称にふさわしいと思ったのでしょう。

02
Johnny Walker
▼
〜イギリス版「万里の長城」のそばで作られたウィスキー〜

　日本とイギリスはユーラシア大陸の東側と西側の沖合に浮かぶ島で，大陸で発達した大きな文明が少し間をおいて入ってくるところが似ているかもしれません。しかし決定的な違いもあります。それは大陸との距離です。イギリスのドーバーと対岸のフランスのカレーとのあいだの最も狭いところは約34kmで，自信のある人なら泳いで渡ることができますし，いまではトンネルでつながってもいます。ところが日本と朝鮮半島のあいだの対馬海峡は約200kmもあり，おまけに日本海は波が高いときていますから，昔はそう簡単には渡ることができませんでした。そのようなわけで，イギリスは大陸からの様々な影響をもろに受けやすかったのに対して，日本は遣隋使や遣唐使を通して大陸の文化のうち欲しいものだけを受け取ってきました。また，侵入者にとっても日本は神風が吹く国でもありましたから，近年まで日本は世界の中で例外的といってもよいほどに平和な島でした。それに比べると，ブリテン島にはこれまで多くの異民族が侵入し，その度に滅ぼされたり，また先住民と同化したりという歴史が繰り返されてきました。

　ブリテン島は紀元43年以降，約400年間にわたってローマ人に支配されました。より正確にいうと，ローマ帝国の

版図に入ったのはブリテン島のうちスコットランドを除いた部分ですから，現在のイングランドとスコットランドの境界線あたりが広大なローマ帝国の最北端でした。

ところがローマ人はこの最北端の国境警備に手を焼いたようです。ブリテン島の先住民はローマ人に対して反抗することが少なくありませんでした。ローマの支配に最後まで抵抗したのはカレドニア（スコットランド）の山岳地帯に住むケルト人のピクト族でした。そこでローマ皇帝ハドリアヌス（76-138）は国境警備の必要性を痛感して，タイン川とソルウェイ湾を結ぶ線に沿って長さ約125キロの石でできた壁を築かせたのです。これが「ハドリアヌスの壁」（Hadrian's Wall）と呼ばれるものです。イギリス版「万里の長城」です。

さて，この「ハドリアヌスの壁」にそって沼地が存在しているのですが，タイン川の河口付近に今でも Walker（ウォーカー）という地名があります。この辺りにあとになってやって来たヴァイキングが，「ハドリアヌスの壁の近くにある低湿地」を Wal-Kiarr（ウァル・キアール）と呼び，それが Walker となったものです。Walker の前半部 wal は Hadrian's Wall のことですし，後半部の ker はケルト人のことばで「沼地」を意味する kiarr が変化したものです。したがって Walker の意味は「歩く人」ではなくて，「ハドリアヌスの壁のそばの沼地」という意味です。

しかしこれと同じ名前をもった John Walker というイギリス人が1825年に雑貨商を始めたとき，Walker で売ら

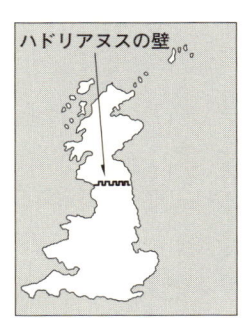

ハドリアヌスの壁

れたウィスキーの銘柄に自らの名前を付け,「歩いている」ジョニーの絵をラベルに描きました。

　Walker の語源と「歩く人」は本来, 関係がないのですが, このウィスキーのラベルのおかげで Walker は「歩く人」という意味がひとり歩きしたのです。

03
MacIntosh/O'Brien
▼
~名前の付け方あれこれ~

「やあやあ，我こそは，桓武天皇十二代の後胤(こういん)，平将軍貞盛が末裔(まつえい)，形部卿(ぎょうぶきょう)忠盛が孫，安芸守(あきのかみ)清盛が嫡子(ちゃくし)，中務(なか)少輔(つかさしょうすけ)重盛。生年十九歳也。戦は是こそ初めなれ。聞きぬる鎮西八郎かけいでよや。見参，見参せん。」

これは保元の乱（1156年）での平清盛の長男，重盛の名乗りです。日本では戦の前に敵に向かって名乗りを上げ，自らの氏素性を大声で告げました。この名乗りが行われているあいだは攻撃を仕掛けることはできなかったといいます。現代人の目には昔ならではの何とものんびりとした光景に映りますが，これも火縄銃が出現するまでの話で，さすがに火器が用いられるようになってからはそのような悠長なことはしていられなくなったようです。

ひるがえってヨーロッパでは，戦いに際して昔からこのような手間をかける必要はなかったのかもしれません。なぜならば，名前を聞くだけでその人の家系がわかる仕掛けがあったからです。

欧米の人名には，父または父祖の姓を用いて作られた名前があります。これを父称（patronymic）と呼びます。面白いことにその作り方が各民族によって異なっているので，作り方の特徴がわかれば，人名からその人の祖先が何

民族だったのかを予想することができます。

　ケルト語では Mac- を父の姓に付けて「〜の息子」の意味にしました。たとえば MacArthur は「アーサー家の息子」，MacDonald は「ドナルド家の息子」，MacIntosh は「イントッシュ家の息子」という具合です。

　同じケルト系でもウェールズでは「〜の息子」は Mac- ではなく Map- となります。これがさらに Ab- や Ap- に変化して，Bowen（Ab-Owen の A が脱落した形）とか Powell（Ab-Howel の A が脱落して b が p に変わった形），Price（Ap-Rhys の A が脱落した形），Pritchard（Ap-Richard の A が脱落した形）という名前になりました。

　さらにアイルランド系ケルト人の父称は O'- が代表的です。O'Brien は「ブライエン家の息子」，O'Connor は「コナー家の息子」，そしてなんとなく日本的な響きがする O'Hara さんは「ヘィラ家の息子」という意味です。

　ここからは時代が少し下りますが，のちにブリテン島へやって来て，その後のイギリス人の中核となるアングロ・サクソン系の父称には -ing や -s があります。よく聞く名前の Browning，Williams，そして Jones や Roberts はこのようにして作られました。

　そのアングロ・サクソン人は，8世紀末以来，北欧からのヴァイキングの襲撃に悩まされます。ヴァイキングの人々は「〜の息子」を意味するのに -son とか -sen を付けました。これはわかりやすい気がします。息子だから son なのです。Andersen は代表的な名前ですし，ほかにも

JohannsenやJohannsonなどもそうです。これらの名前は英語風に綴るとAndersonやJohnsonになります。

　11世紀以降,イギリスはフランス北部のノルマンディーとのつながりが強まりますが,ノルマン系のフランス語ではラテン語の「息子」を意味するfilius（フィリウス）から出たFits-を用いて父称を作りました。この名付け方は,もともと国王や王族の庶子である場合に用いられました。Fitsgeraldは「ジェラルドの庶子」という意味ですし,Fitzroyは「王の庶子」という意味です。

　付け加えていうと,父称は何もケルト系やゲルマン系の人々に固有のものではありません。スラブ系の人名ならば,「イヴァンの息子」という意味の名前は,ロシア語ならIvanovich（イヴァノヴィッチ）,ポーランド語ならIvanowicz（イヴァノヴィッツ）,ウクライナ語ならIvanenko（イヴァネンコ）などになります。

　印欧諸語以外でも,アラビア人のイブン・サウドなどに見られるイブン（またはビン）やユダヤ人の名前ベンヤミンのベンは,「～の息子」という意味です。

　父称を利用するという命名法は,世界各地に広がっているようです。

04

car
▼
～ローマ人を驚かせたケルト人の武器～

　ケルト人やケルト文化といえば，たとえばアイルランドの歌手のエンヤの音楽とかスコットランドのバグパイプの音色のように，悲しげで，そして内向的で神秘的な地域文化が思い起こされます。しかし，もともとケルト人というのは，巧みな戦闘技術をもってヨーロッパの広範囲に住んでいた人々です。

　ケルト人は，ゲルマン人がヨーロッパの北東部から移動して来るよりもはるか前の紀元前1500年ぐらいからヨーロッパの中心部に住んでおり，その後1000年ぐらいかけて北はブリテン島やアイルランド，西はイベリア半島，東はバルカン半島からトルコのあたりまで広がっていきました。

　そのようなケルト人についてのもっとも優れた記録といえば，ローマのジュリアス・シーザーが紀元前58年から51年にかけて挙行したガリアへの遠征の記録である『ガリア戦記』です。それによると，ケルト人は馬に牽かせる戦車を巧みに使い，敵を混乱に陥れながら戦ったことが記されています。

　　彼らは戦車でこう戦うのである。まず戦場をくまなく
　　馬を駆りながら槍をほうる。そのとき馬がよび起こす

23—[car]

恐怖心と曳かれた戦車の騒々しい車輪の音だけで、もう大抵相手の戦列は大混乱におちてしまう。次いで、相手の騎兵の隊列の中に突進し、戦車の戦闘員が飛び降り、徒歩で戦う。その間に馭者はしだいに戦場から後退し、戦闘員が敵の軍勢に圧倒されたとき、すぐ逃げて戻れるような位置に戦車を並べておく。こうして彼らは戦場において、騎兵の機動力と歩兵の持久力を合わせて発揮するのである。

(國原吉之助訳『ガリア戦記』、第4巻33節、講談社学術文庫)

　そして、そのケルト人の「戦車」が現在ではcarとして世界中に広がっているのです。戦車はおそらくケルトのことばでは *karrom と呼ばれていたようで、それがローマ人のラテン語へcarrum（カルム）として採り入れられ、その後ノルマンディーのフランス語（ノルマン・フレンチ）を経由して、14世紀に当時の英語（中英語）に入ったときにはcarreという形でした。

　もとのケルト語 *karrom は印欧祖語の *kers-「走る」に由来すると推定されていますが、この語根から英語のchariot「戦車」、courier「飛脚、宅急便」、course「進路」、corridor「廊下」、current「流れ」のようなたくさんの語が派生しています。ほかにもoccur「起こる」はラテン語のoccurrere（オックレーレ）の形を経て英語に採り入れられたものですが、このラテン語は「（ある人の方へ）走

る，出会う，生じる」を意味していました。また「遠足」の excursion は「外へ」を表す ex- が付いているので，「外へ走っていく」というのが原義です。それから carpenter「大工」はもともと家を建てる人ではなくて荷車を作る人だったようです。それでことばのなかに car が入っているのです。

　以下はほとんど証明不可能なことですが，印欧語族の人々がもともと住んでいた場所はヨーロッパの東の端で中央アジアに隣接する地域であったと考えられています。このあたりで「走る」ものを *kers- とか，あるいは [k] 音が口腔内でずれた [ʃ] という音をもつ *sher- と呼んでいたとすれば，そのうち西のヨーロッパ方面では *kers- として残り，一方，東のアジア方面には *sher- として伝わり，特に漢字文化圏ではこの *sher- に「車」という文字をあてたと考えるのはどうでしょうか。

　日本の「人力車」は (jin)rickshaw として，そしてシンガポールで観当客の足として有名な「三輪人力車」（自転車で引っ張りますが）は trishaw としてすでに英語に採り入れられています。-shaw は「車」のことです。*kers- にせよ *sher- にせよ，この「車」はユーラシア大陸の中央部から世界に向けて走っていったことになります。

05
-chester/-caster/-cester
▼
～地名に残るローマ軍の「陣営」～

　砂漠の上に築かれた夢（？）の国ラスベガスにエクスキャリバーというおとぎの国のお城を模した形のホテルがあります。これを見ると，アメリカ人がもつ中世のお城のイメージがよくわかります。同様に日本人にとってcastle「城」ということばはどこかロマンティックで，ディズニーランドにあるシンデレラ城や，ドイツ・バイエルンのノイシュヴァンシュタイン城のような白亜のお城を想像しがちです。

　このようなイメージをもったcastleは，11世紀に北フランスのノルマンディー地方で話されていたフランス語（ノルマン・フレンチ）のcastel（カステル）が英語に入ったものです。castelは現在のフランス語のchâteau（シャトー）にあたります。ブルー・コメッツの歌にある「森と泉にかこまれて ／ 静かに眠る ／ ブルー　ブルー　ブルー　シャトー」の「シャトー」です。

　話がそれましたが，昭和40年代から時代をずっとさかのぼると，ノルマン・フレンチのcastelはラテン語のcastrum（カストルム）に由来します。そしてこのラテン語のcastrum（複数形はcastra）は「城」というよりは，ローマ人が帝国内の要所に設けた「陣営」を表していました。

各陣営はその土地の特徴を表す語にcastraを付けて呼ばれました。たとえば南ドイツの古都レーゲンスブルク (Regensburg) は，ドナウ川とレーゲン川が合流するところに作られた「陣営」で，ローマ人はこの町をCastra Regina（カストラ・レギーナ）と呼んでいました。

　ローマ人はブリテン島を紀元43年以降，約400年間にわたって支配しましたが，その間にブリテン島にもたくさんの陣営を設けました。たとえば，ラテン語で「部隊」を意味するlegioに「陣営」を表すcastraから変化したceasterを組み合わせてLegacaestirという地名ができたのですが，この前半が脱落してChester（チェスター）になりました。また，イングランド北西部の町Lancaster（ランカスター）は，町を流れる川の名前Luneにcastraをつけたものです。ウスターソースを作った主婦がいたという町のWorcester（ウースター）はWigoranという部族名にcastraから変化した-cesterをつけたものです。

　castraの部分がそれぞれ「チェスター」，「カスター」，「セスター」というように異なって発音されるのは，後になってブリテン島にやって来たヴァイキングや北フランスのノルマン人の発音が影響を与えたためです。ランカスターにはヴァイキングが住み，ウースターにはノルマン人が住んでいたのです。

　もともとcastraがついていたのですが，今は消失してしまった地名としてYork（ヨーク）があります。この地名はケルト語の名称をローマ人が採り入れたもので，もと

をたどれば Eboracum が始まりです。その意味は樹木の「イチイ」です。そしてこれが Eoforwic に変わり，さらに「陣営」を表す -ceaster がつけられて Eoforwicceaster になりました。ローマ人のあとにやってくるアングロ・サクソン人は，Eofor を彼らのことばで「ブタ」と解釈したようです。ところが後にこの地域を支配したヴァイキングは -ceastra を取り払い，また彼らのことばに合わせて Eofor を Iorvik へと変えてしまいました。そして Iorvik が Jorc を経て現在の York になっているのです。歴史の変動が大きければ，語形も激しく変化する興味深い例です。

　ローマ人がブリテン島で陣営を作っていたときには，イギリス人の先祖であるアングロ・サクソン人はまだこの島に到達していなかったのですが，上のような地名が現在まで残っているのは，これらの地名をケルト人が受け継いで，それをさらにアングロ・サクソン人が引き継いだ結果なのです。

　民族の入れ替わりの中で征服者が被征服者の使用していた地名を使い続けたことで残ってしまうという現象はよく起こるようです。アメリカでは土着のインディアンの地名がたくさん残っていますし，日本でもアイヌの地名が残っています。

06
street と route
▼
~すべての道はローマに通ず~

　語源を探求しながら，あることばがたどってきた道をさかのぼると意外な源に行き着くことがあります。street がその1つです。

　street のもともとの意味は「道」ではありません。street の語源はローマ人のことばであるラテン語の strata で，これは「舗装された」という意味の形容詞として，via strata（ウィア・ストラータ）という言い方で使われていました。via は英語の前置詞で「～経由で」を表す via のもとになった単語で，ラテン語では「道」を表していました。したがって via strata は「舗装された道」という意味になります。しかし，その後の経緯で「道」を意味する via が消え，strata だけが残ってしまいました。このことは，英語の street だけでなく，たとえばドイツ語では Strasse（シュトラーセ），イタリア語では strada（ストラーダ）というように，ヨーロッパの諸言語でみられます。

　しかし考えてみれば，「道」を表すことばなのに本来の「道」である via が消えて，形容詞の部分だけが残ったというのは不思議です。この謎を解くカギはもう1つの「道」を表すことばにあります。「ルート134」のように日

本語にもなっている route は，もともとフランス語の route（ルート）「道」が英語に入ってきたものですが，このフランス語はさらにさかのぼるとラテン語の via rupta（ウィア・ルプタ）という表現に由来します。ここでも via がありますが，この via rupta は via strata の反対で「舗装されていない道」を表していました。

「道」は単なる「道」つまり via ではなくて 2 つの形容詞 strata「舗装された」と rupta「舗装されていない」によって区別されていました。ですから「道」を表す via よりもこれらの形容詞のほうが重要だったため strata にもとづく street と rupta にもとづく route が残ったのです。

ちなみに rupta はラテン語 rumpere（ルンペレ）の変化形の 1 つで，これは「荒らす」とか「奪い取る」という意味のことばです。ここから route のほかにも英語の bankrupt「破産」や interrupt「遮る」，corrupt「腐らせる」などのことばが出ています。

「道」なんてありふれたものがどうしてラテン語で呼ばれるのかといえば，ローマ人は帝国内に「ローマ街道」を張り巡らせることにより支配を確立したからです。「すべての道はローマに通ず」ということばがあるように，ローマ街道がローマ支配の象徴となっていました。そしてすべての区間ではないものの，ローマ街道はほとんど舗装されていたのです。その舗装方法は，現在のヨーロッパ旧市街に残る石畳とさほど変わらないといいます。

シェイクスピアの故郷として有名な Stratford-upon-

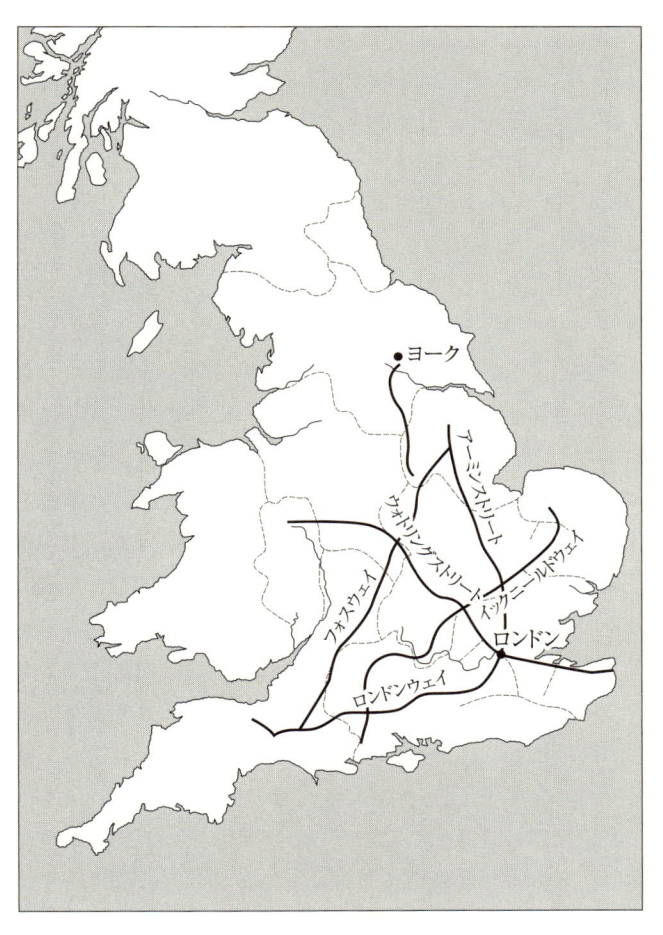

ブリテン島に張り巡らされたローマ街道

(参考：Ruchard M. Hogg, ed., *The Cambridge History of the English Language vol. 1: The Beginning to 1066*, Cambridge University Press, 1992)

Avon（ストラトフォード・アポン・エイボン）はローマ街道（Strat-）が Avon 川と交わった渡渉点につけられた名前です。-ford は「浅瀬」を意味します。

　フランス北東部，ライン川左岸に接する Strasbourg（ストラスブール）は，戦争のたびにドイツとフランスの間で帰属が変わったことで有名です。この地名の前半はドイツ語の「道」を表す Strass- です。後半要素の -burg は「町」を表します。したがって，Strasbourg は「道が交わる町」という意味になります。真西へ400km のところにあるパリと南ドイツを結ぶ幹線の途上にあるのです。

　「道が交わる町」とは，ようするに交通の要衝なのですが，古来，ローマ人はライン川に沿って要衝ごとに植民し，前哨地を作って広大なローマ帝国を防御してきました。とくにライン川はローマ帝国の北東の境界線で，これを境に蛮族のゲルマン人と相対していました。したがってライン川沿いには前哨地がいくつも作られました。たとえばコローニア・アグリッピナ（皇帝クラウディウスの妻アグリッピナの植民地〈Colonia〉）と呼ばれたところは現在のケルン（Köln）ですし，その北西には皇帝ウルピウス・トラーヤーヌスの名にちなんだコローニア・ウルピア・トラーヤーナという名の植民地もありました。これは現在のクサンテン（Xanten）という町です。Köln は Colonia が変化したもので，また Xanten はドイツで唯一 X- ではじまる地名です。現在，ケルンにもクサンテンにもローマ遺跡を展示する博物館が建っているのはこのためです。

07
Wales
▼
~「よそ者」ウェールズ人~

　ヨーロッパ大陸から見ればブリテン島は辺境ですが，ブリテン島北部のスコットランドや西部のウェールズ，それから南西部の半島であるコーンウォールはブリテン島の辺境と言えます。そしてこのような辺境にケルト人が住みつきました。ケルト人よりも後からこの島へやって来たローマ人や，そのまた後からやって来たアングロ・サクソン人によってケルト人は辺境へと追いやられたのです。

　その辺境の1つ Wales（ウェールズ）はブリテン島中部の西側にこぶのようにせり出したところです。ここでは英語とともにウェールズ語が公用語として用いられています。地図を見ているとどう見ても英語に見えない地名が目につきます。また Llanfairpwllgwyngyllgogerychwyrndrobwll-llantysiliogogogoch（ランヴァイル・プルグウィンギル・ゴゲリフウィンドルンドロブル・ランティシリオゴゴゴホ）は世界一長い名前の駅名として有名です。

　ウェールズ語が英語とは似ても似つかないというのは，それを話すウェールズ人はケルト人の末裔で，彼らのことばがケルト系の言語だからです。一方で，5世紀半ばにブリテン島へ渡ってきたアングロ・サクソン人はゲルマン系の民族ですから，ケルト人とアングロ・サクソン人はお互

いに外国人同士ということになります。

　じつは Wales という名称はアングロ・サクソン人のことばで「よそ者，奴隷」を意味する wealh に由来します。アングロ・サクソン人はブリテン島にいたこのケルト人のことを「よその人」と呼んだのです。そして wealh の複数形が Wealas で，現在では Wales と綴っています。

　Wales のもとになった wealh は，ほかにも walnut「クルミ」の前半要素や Walloon「ワロン語」に残っています。ワロン語はラテン語から派生した言語の１つで，ベルギーのだいたい南半分で話されています。ベルギーの公用語の１つであるフランス語とは兄弟関係にあるのですが，ベルギーのもう１つの公用語であるゲルマン系のフラマン語（ベルギーで話されているオランダ語のこと）を話す人の目には，ワロン語を話すワロン人は「よその人」に見えたのかもしれません。

　クルミはヨーロッパではアルプスの北側に広がるガリア地方からローマへもたらされました。ガリア地方にはケルト人が住んでいましたから，ローマ人にとっては「外国産のナッツ」と呼ばれたのです。

　辺境に追いやられたケルト人の大半はその後の歴史の波間に消えてしまったようですが，ケルト風文化は，イギリスだけでなくヨーロッパ文化の１つとして，デザインや音楽の分野で独特の色彩を放っています。

08
water
▼
〜ぬかるみを渡ってきたゲルマン人〜

　のちにイギリス人の祖先となるゲルマン人はドイツ北部からデンマークにかけての沿岸に住んでいた人々です。ここでは彼らの故郷に目を向けてみましょう。
　この一帯は低地地方と呼ばれているように海抜が低いところです。そして沖合にはスライス・チーズを浮かべたような平べったい島々がオランダの沖合まで点々と続いています。これがフリースランド諸島です。
　フリースランド諸島と本土とのあいだは遠浅で，潮が引いたときには干潟が姿をあらわします。オランダにこの干潟を歩いて渡るスポーツがあるのですが，これを wadlopen（ワドローペン）といいます。オランダはサクソン族の居住地の西隣で，英語とオランダ語は同じゲルマン語派の中でもっとも近い関係にあります。wadlopen の wad はオランダ語で「ぬかるみ，泥」を指し，これに相当する英語としては wade があります。wade は「歩いて進む」という意味もあるようですが，どちらかといえば「水の中を歩いて進む」という意味が中心のようです。
　wad や wade と関連することばはゲルマン系ではないラテン語の中にも見いだされます。ラテン語の有名なことばで同名の小説にもなった"Quo vadis, domine?"（クォ・

ワディス・ドミネ「主よ，どこへ行かれるのですか」）に含まれる動詞の vadis は「行く」という意味で，wade と同語源の vadere が変化したものす。

　以上すべてのことばは印欧祖語の *wadh- に由来すると考えられているのですが，*wadh- の意味としては，ラテン語の「行く」よりもゲルマン系の「ぬかるみを歩いて行く」の方が古いと予想されています。

　ゲルマン民族がヨーロッパの東から西へ大移動したときに川の浅瀬を渡ったのは間違いありません。そして当時のゲルマン語の「ぬかるみを歩いて行く」という意味のことばがローマ帝国のラテン語に採り入れられたのかもしれません。

　ここで印欧祖語の別の語根を思い出します。それは「水」を表すと考えられている *wed- で，ここから英語の water や wet が派生しています。そこでさらなる予想ですが，印欧祖語の *wadh- と *wed- はもともと同じもので，その意味は「濡れたもの」を指していたのではないでしょうか。日本語の音象徴表現で「べたべた」がありますが，*wadh- や *wed- はこの「べたべた」に相当する表象によって造られた語根ではないかと思います。

　海抜の低い国土を堰によって守っているオランダ人にとって水は脅威ですが，人間一般にとってはなくてはならない，非常に近しい物質です。そのようなものの名称が日本語の「べたべた」に相当するきわめて直感的な造語法によっているということは大いにありえることだと思います。

* * *

ついでにいうと,「水」を表す*wed-から派生したほかのことばとして, ロシアの vodka (ウォッカ) やスコットランドの whisky (ウィスキー) もあります。vodka の語形は想像がつきやすいのですが, whisky は難しそうです。これはスコットランドとアイルランドで話されていたゲール語で「命の水」を表す uisge beatha が usquebaugh (ウスケボー) になり, これが英語では whisky と書き取られました。uisge が「水」で*wed-に由来しています。

wadlopen は干潟のぬかるみを渡りゆくスポーツですが, 日本語の「渡る」ということばについて考えてみましょう。古来, 日本語では海を「わた」と呼んでいました。海の神様のことを「綿津見」という漢字を当てて「わたつみ」と読ませます。この例のように, 海が「わた」ですから, 海を行くことを「わたる」と言い, 渡し船を職業にしていた人々を「わたなべ (渡部)」と呼びました。機織りが「はっとり (服部)」というのと同じ名称の作り方です。

[第2章]

古英語の時代 I
～八百万の神々を信じたアングロ・サクソン人～

●古英語の時代 I

ゲルマン人の到来とアーサー王伝説

　ブリテン島の言語文化という視点から見れば，ケルト人とローマ人に次いでゲルマン人がこの島に到来してはじめて，英語の国，イギリスの原型ができあがります。この国の始まりについては『英国民教会史』や『アングロ・サクソン年代記』にだいたい次のような経緯が記されています。

　410年にローマ人がブリテン島から撤退すると，スコットランド北部のケルト系ピクト族がハドリアヌスの壁を越えて南下し始めます。そこでこれに耐えかねたケルト系ブリトン人の王ヴォーティゲルンは443年にローマに対しこの島に戻ってくるよう訴えたのでした。ところがローマの方はその頃，自国を蝕む異民族との戦いに手一杯で，かつての属州に兵を送る余裕などありませんでした。ローマからの支援を断念した老王ヴォーティゲルンは次にユトランド半島のゲルマン人に助けを求めました。これがその後500年にわたるブリテン島の運命を決めることになります。

　助っ人ゲルマン人のリーダーは大気の神ウォーデンの末裔と称されるヘンギストとホルサの兄弟でした。彼らはケントの北東端にある現在のラムズゲートの海岸付近にその第一歩を記しました。449年の出来事です。

　ゲルマン人がブリトン人を支援したのも束の間，彼らは

●・駆・け・足・英・語・史・②

その後，大陸の故郷から仲間を呼び寄せました。ユトランド半島北部からジュート族が，南部からアングル族が，そしてドイツの北部沿岸からはサクソン族が続々と海を渡ってやって来たのです。その結果ブリテン島は事実上，ゲルマン人に乗っ取られてしまいました。これが英語の国，イギリスの始まりです。これ以降のイギリス人は3つの部族のうちの2つの名前をとってアングロ・サクソン人といわれます。彼らのことばは古英語と呼ばれていますが，ユト

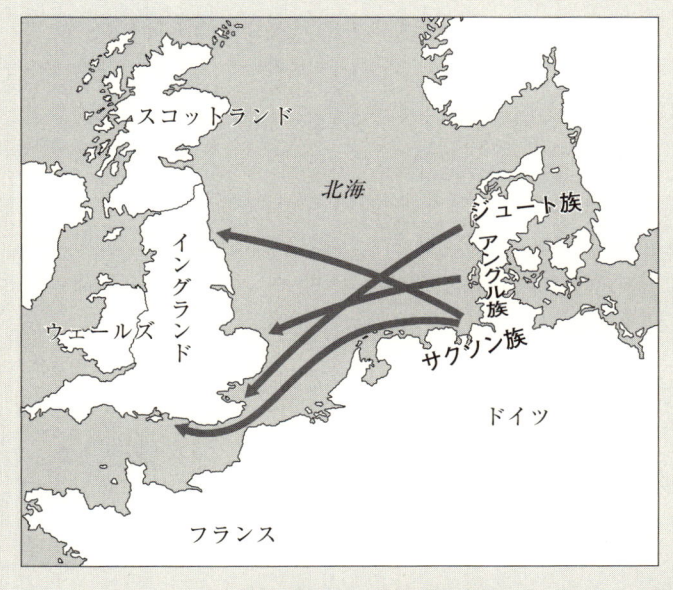

アングロ・サクソン人の渡来経路

(参考：R. McCrim, W. Cran and R. MacNeil, *The Story of English*, BBC Books, 1986)

ランド半島や隣接するドイツ北部のことばから枝分かれしたものなのです。

　アングロ・サクソン人は北方のピクト族を撃退するだけでなく、自分たちを呼び寄せたブリトン人をも征服し始めます。そして両者の戦いの中で現れ出たのがブリトン人の伝説の英雄アーサー王です。

　しかし、アングロ・サクソン人が西へ征服を進めるにつれて、土着のブリトン人は彼らに服従させられてしまいます。アングロ・サクソン人は6世紀末までには西部のウェールズを除いてイングランドの大部分を制圧しました。こうしてアングロ・サクソン人が支配するイングランドが出現し、その周辺部にケルト系の人々が住むという構図ができあがりました。西へ追いやられてコーンウォールなどにたどり着いたブリトン人の中には、海を渡ってフランスのブルターニュ地方に住みついた人々もいます。一方で、ブリテン島に定着したアングロ・サクソン人のあいだには、6世紀後半頃から7つの部族国家が出現してきます。

ゲルマン人の宗教

　このようなアングロ・サクソン人はどのような人々だったのでしょうか。彼らが残した文献はその精神文化を垣間見させてくれます。リーダーとしてはじめてブリテン島へやって来たヘンギストとホルサはゲルマンの神ウォーデンの末裔と言われるぐらいですから、彼らはこの島に移住してもなおゲルマンの信仰を保持していたことがわかります。

・駆・け・足・英・語・史・②

ヘンギストとホルサの上陸
(R. Verstegan, *A Restitution of Decayed Intelligence*, 1605)

　古代ゲルマン人は印欧語族の人々ですから，彼らの神々の系譜は印欧語族の人々のそれと同じ枠組みをもっていました。ただ神々がゲルマン語の名称になっているだけです。古英語では「父なる天」と「母なる大地」に分かれる前の原初神は God のほかに Dryhten（ドリヒテン），Frea（フレア），Hegil（ヘギル），Metod（メトッド），Scippend（スキッペンド）などのいろいろな名称をもっていました。さらに「父なる天」と「母なる大地」の神聖結婚により生まれた神々は，天の神ティウ，地の神イング，雷の神ドゥナー，そして大気の神ウォーデンなどでした。

ルーン文字とアングロ・サクソン人の偽装宗教

　ゲルマン人あるいはアングロ・サクソン人のこのような信仰をそのまま文字に反映したものがルーン文字でした。紙も印刷機もない時代に，わざわざ文字に書いて残そうと

◉・駆・け・足・英・語・史・②

するその内容が信仰にもとづいた聖なる意味をもっていたことは当然です。

　ルーン文字に関してもっとも大事なことは、この文字には表音文字と表意文字という2つの機能が備わっていたということです。つまり漢字と似ている部分があったのです。表音文字としては、その文字名称の最初の音が発音されます。表意文字として各文字に与えられた意味はゲルマンの信仰に根ざした世界観を表していました。たとえば一番目の文字ᚠは feoh と呼ばれ、[f] の音価をもつと同時に「家畜、財産」という意味が賦与されていました。このように、ルーン文字にはただの文字あるいは記号ではなく、ゲルマン人の精神世界の写し絵として存在していたという深い意味があるのです。このことはアングロ・サクソン人の偽装異教という独特の現象を可能にしました。

　偽装異教とは、6世紀末にはじまったキリスト教改宗初期に現れた現象で、アングロ・サクソン人がキリスト教の宣教師に見破られない方法で、自分たちのゲルマン信仰を密かに保持していたことを指します。その方法とはルーン文字の特性を活用したもので、一見したところキリスト教の神を讃える内容に読めますが、じつはルーン文字の「訓読み」で解釈すれば、それはゲルマンの神を讃えたものになっていたというものです。

　ブリテン島にキリスト教が伝わるのは597年ですが、それ以降も10世紀頃まで細々とゲルマン信仰が続いていた形跡があります。

09

Easter
▼
～イースターと「卵」の関係～

　イースターは移動祝祭日といって何月何日と日が決められているのではなく，「春分の日のあとの最初の満月の次の日曜日」と規定されています。同じ移動といっても，3連休を増やすために祝日を月曜日に移動した日本の「ハッピーマンデー」とはその性質が異なります。「ハッピーマンデー」は旅行業界にはハッピーかもしれませんが，学校関係者には迷惑以外の何物でもありません（月曜日の授業回数確保がたいへんです）。

　いきなり話がそれましたが，イースターといえば卵（Easter egg）とウサギ（Easter bunny）を飾る習俗がよく知られています。ウサギは多産の象徴なのですが，もちろんウサギが卵を産むわけはありません。じつはこの背景にはキリスト教がヨーロッパに受け容れられる前の印欧語族の人々の世界観が反映されています。

　ギリシャ神話，ローマ神話，ゲルマン神話などヨーロッパにはキリスト教到来以前から伝わるいろいろな神話がありますが，比較神話学や比較言語学によってそれらに共通する骨組みを再構成することができます。それが印欧語族の人々に共通する世界観であったと考えられます。それによると，印欧語族の人々の間では，(1)世界のはじめには

「熱」と「寒」という原初両極があった，(2)そこから原初物質が生じた，(3)さらに原初物質から原初神（原初存在）が生まれた，(4)原初神は両性具有で，かつ時間と空間を内包している存在であった，(5)原初神から「父なる天」と「母なる大地」が分化した（これにより中性〈両性具有の原初神〉，男性〈父〉，女性〈母〉が生じた），(6)「父なる天」と「母なる大地」は「神聖結婚」をして3人の息子が生まれた……という宇宙創成と神々の系譜が保持されていたのです。このうちで人々の信仰の中心となるのは原初神です。なぜならば，われわれが生きている空間も時間も，そして命もあらゆるものが原初神から生じているからです。原初神は万物の源なのです。

　原初神が「世界のあらゆる命の源」としてとらえられると「世界卵」（world-egg）という表象が現れます。イースターで色とりどりに飾り付けられる卵は「世界卵」のことなのです。そしてこの卵がまだ割れずに「完全な」状態であることを whole といいます。ケーキの「ホール売り」の「ホール」です。whole は15世紀から wh- ではじまる綴り方がなされるようになりましたが，それ以前は hal と綴られていました。そして「完全な」状態のことを holy とも healthy ともいうのです。あるいはまた，本来あるべき「完全な」状態に戻すことを heal「癒す」といいます。ドイツ語の雪山での挨拶「シー・ハイル」の「ハイル」は Heil で，これも同じ仲間のことばです。

　この「世界卵」は「父なる天」と「母なる大地」に分か

れます。そして「父なる天」から「母なる大地」へと生命の力が宿った液体が降り注ぎます。雨が降ることにより大地に湿り気がもたらされ、春には命が芽吹くのです。もちろんこの雨は原初神の「精力」です。春のお祭り Easter は語源的には「湿り気を与えられたもの（＝「母なる大地」）」という意味です。いまではキリスト教の復活祭として祝われますが、もとは寒い冬が終わって春になり、命が復活することを祝うお祭りでした。印欧語族の人々は、春をこのような季節だと考えていました。

　キリスト教がヨーロッパへやってきて、人々を改宗させたとき、人々ができるだけ抵抗感なく改宗できるように、教会はキリスト教以前の習俗の上にキリスト教のお祭りを重ね合わせていきました。冬至を境に太陽が再び力を得て、新しい一年が始まるその時期にキリストの誕生日を充てたのがクリスマスであるとするならば、春になって命の再生を祝う日をキリストの復活の日としたのです。キリスト教のお祭りに残る習俗やことばの中に印欧祖語時代の世界観の残像が垣間見られます。

イースターの卵とウサギ

10
art
▼
〜神の手になる作品〜

　artということばには「芸術」という意味だけではなく「技術」「要領」，そして「自然」の反対語としての「人為」という意味があります。いずれにしても何かを作るイメージがあることは間違いありません。

　では，だれが何を作るのかという問題になるわけですが，これはヨーロッパにキリスト教が伝わる前の印欧語族の人々の宇宙創成神話が答えを与えてくれます。

　それによると，原初神は宇宙の時間や空間をはじめとするありとあらゆるものを作り，それらは様々な表象の仕方で表現されました。「世界のあらゆる命の源」としてとらえられると「世界卵」(world-egg)と表象されますし，またに別の表象として，「空間の創り主」のイメージならば，原初神は「世界大工」(world-carpenter)になります。

　「世界大工」としての原初神はわれわれの足を支える大地を作ります。その作り方は根太を「組み合わせて」床を作るように大地を作ると考えられていました。「大地」を表すearthは語源的には「木でできた構造物」という意味です。

　earthと語源を同じくするギリシャ語のararisko（アラリスコ）は「組み合わせる」ですし，ラテン語のars（ア

ルス）は「技術」という意味です。英語の art はラテン語の ars から来たことばです。そのほかにも，「論説」，「品物」，「項目」などいろいろな意味をもつ article は，ラテン語の「つなぎ目」を意味する arti- に小さいものを表すときにつける -culus をつけてできたことばです。「論説」，「品物」，「項目」などはみんな小さい部分から成り立ってできているものです。同じ語源をもつ articulate には「分節する」という意味もありますし，解剖学用語としての「関節」も意味します。

　このように art- ではじまることばには，バラバラになっていた小さいものを組み合わせて作るという共通の意味があります。そしてさらにこれらのことばに共通した根本的なイメージとしては，「世界大工」である神が根太を組み合わせて床のような「大地」を作るという宇宙空間に対する印欧語族の人々の表象があるのです。

　アリストテレスは，自然を模倣（ミメーシス）するのが芸術であると考えました。この背景には，自然は神の創造物であるという考えがあるわけですが，この考えの根本になっているのが「世界大工」としての神の表象なのです。

11

shaft
▼
〜世界を支える「柱」〜

　「シャフト」というとゴルフクラブの柄の部分とか，エンジンから伸びて車輪などに動力を伝えるプロペラ・シャフトを思い出しますが，じつはこのシャフトも「世界大工」としての原初神の表象に由来することばです。

　前項で紹介したのは，世界を家に例えた場合の床にあたる「大地」としての earth でしたが，家にはその床から垂直に伸びて屋根を支える柱が必要です。これを「世界柱」（world-column）といいます。この柱が shaft なのです。古英語では sceaft（スケアフト）と綴りました。これを動詞にすると scieppan（スキッパン）「作る」になります。いまの英語の shape「形づくる」のことです。また scyppend（スキッペンド）は「（天を）支えるもの」，すなわち古代ゲルマン人の信仰の中心である原初神を指します。

　また sceap「作られたもの」から「できぐあい」，「性質」という意味の抽象化が起こると，現代の英語で抽象名詞を作る -ship になります。friendship「友情」とか ownership「所有権」の -ship です。ドイツ語の Gesellschaft（ゲゼルシャフト）「社会」と Gemeinschaft（ゲマインシャフト）「共同体」の -schaft にあたります。

　-ship まで来ると，それでは「船」を表す ship はどうな

サーン・アッバス・ジャイアント

のかと考えたくもなります。英語の ship はもともと scip（スキップ）と綴りましたし，ドイツ語では Schiff（シフ），オランダ語では skip（スキップ）ですが，辞書には「語源不詳」とされていることが多いことばです。しかし古代ゲルマンの船はくり抜いたものではなく，切った木を組み合わせて作ったものなので，これもやはり scieppan の仲間なのではないかと思います。ここにあげているすべての単語は，印欧祖語の *skep という語根から派生しているのですが，この意味は「切る」という意味です。

　イギリス南西部ドーセットのサーン・アッバスという町の丘にはサーン・アッバス・ジャイアントと呼ばれる巨人の絵が描かれています。この巨人は長い棍棒をもっているのですが，この棍棒が世界を支える柱を表しているのではないかと考えられます。通常は子孫繁栄を象徴する絵であると解されていますが，おそらくそれだけではなく「世界大工」としての原初神の表象なのだと考えられます。

51 ― [shaft]

メイポール

「世界大工」が世界を支えるために測定して建てた「世界柱」の名残。イギリスやドイツ，北欧では，5月になると白樺の木に飾りを付けて立てる風習が残っています。

12

do
▼
〜家を建てるときの音〜

　古今亭志ん生と志ん朝の親子が名演を残している「大工調べ」という噺(はなし)があります。この噺の聞かせどころは石頭の大家さんを向こうにまわして江戸っ子棟梁(とうりゅう)が気っ風のいい啖呵(たんか)を繰り出すところです。「大工調べ」と聞くと，普通は家を建てるときの「トンテンカン」という音のことを思い出すのではないでしょうか。

　ところがこの話には続きがあって，棟梁と大家さんとの店賃をめぐる交渉が喧嘩別れになったため，事はやむなくお白州へ……。つまり「調べ」とはお上の裁きのことだったのです。「大工調べ」では結局のところ，家を建てるときの音は出てこないのでした。

　すっかりマクラが長くなりましたが，これまで「世界大工」としての原初神の表象を紹介しました。「世界大工」は人間が住むこの空間の床としての「大地」(earth)を作り，そこに「柱」(shaft)を立てました。では，その建築現場から宇宙へとどんな音が響きわたったのでしょうか。

　英語の do はいまでは一般的に何かを「する」という意味で用いられます。約1000年前の語形は don（ドン）で「する」のほかにも「置く」とか「設(しつら)える」という意味をもっていました。語源というものはだいたいにおいて具体

的なものであることが多いのですが、do の語源も一般的な「する」よりは「置く」、「設える」という、より具体的な動作を表していたと考えられます。

　それではだれが何を「置き」、何を「設える」のか。ここで「世界大工」が登場します。じつは do のもともとの意味は「世界大工が木を組み合わせて家を建てる」であると考えられています。そしてこのようにして作られたものが dome「ドーム」であり、また doom「運命」なのです。

　ここで注意しなければならないことは、doom を「運命」と解釈すると、そこにはキリスト教的な意味が入り込んでいるということです。このことばはキリスト教が到来する以前から使われているきわめて古いことばですから、doom の語源的な意味はあくまで「なされたもの、できあがったもの」ということになります。

　この do のグループは「置く」を表す *dhe- に由来します。また一方で、現在の英語で「材木」とか「材木を組み上げる」を意味する timber は「家」を表す印欧祖語の語根 *demə- に由来すると推定されています。この両者は、ともに「ドン」という共通の音にもとづくのではないでしょうか。この音は家を建てるときの「ドンドン」とか、「ドン」と物を置くときの音を表すというオノマトペアであると考えたいところです。

　do も timber も原初神たる「世界大工」が人間の家を建てるときの「調べ」だったのです。

13

make と work
▼
～神が造る家～

　日本語と英語のもっとも大きな違いの1つに語順があります。日本語では基本的に〈主語―目的語―述語〉の順で単語を並べますが，英語ではそうはいきません。代表的な例が〈主語―述語―目的語〉の語順で，これを基本5文型のうちの第3文型，すなわちSVO構文といいます。

　SVO構文は動作を行う主体であるS，つまり主語が目的語であるOになんらかの動作を直接働きかける，たいへん力強いイメージをもっているようです。これを直接に目的語を取らないSV型の第1文型と比べてみましょう。

　　He shot the bear.（第3文型）

　　He shot at the bear.（第1文型）

はじめの文は動詞shot「撃った」の直後に目的語であるbear「熊」がきていますから，いかにも猟銃の弾丸が熊にズドンと当たったイメージが表現できます。その一方で，2つ目の文ではshotは目的語を取らない自動詞で，後にat the bear「熊をめがけて」という句がついています。

　はじめの文は「彼は熊を撃った」で，次の文が「彼は熊をめがけて撃った」。もちろんその様子を写真に撮れば，ともに狩人が獲物に向けて猟銃を発砲している姿があらわれます。しかし「熊を撃った」と「熊をめがけて撃った」

ではズドンという衝撃の強さが違うのです。SVOの語順を取る第3文型にはこのように力強いイメージが伴います。

さて、この第3文型を作る典型的な動詞の1つにmakeがあります。その意味もまさに「～を作る」で、見るからに手に力がこもっています。でも「～を作る」といっても、いったい何を作るというのでしょうか。

make（古英語ではmacian）の根源的な意味は「捏ねる」であると推定されています。では何を捏ねるのかといえば、それは粘土です。じつはmakeは古代ゲルマン人が信仰した原初神とそれによる世界創造に関することばでした。いわば、「世界大工」としての原初神の建築用語なのです。印欧語族の人々の原初神は「父なる天」と「母なる大地」を結ぶ「世界柱」（shaft）を立てました。これは根太を組み合わせて作られた大地（earth）に対して垂直に建てられました（erect）。そして次に作るのが壁です。その壁は柱と柱のあいだに細い枝を縦横に組み合わせて編んだ壁の下地を作り、その上から漆喰を塗り固めたものでした。

このような作り方をした木骨造り（ハーフティンバード・ハウス）の家はドイツやイギリスではかつてたくさんあったのでしょう。W. B. イェイツ（1865-1939）というアイルランド出身の詩人は、騒がしいロンドンを離れて故郷に戻り草庵生活を夢見て次のように歌いました。

I will arise and go now, and go to Innisfree,

ゲルマン古来の木骨造りの家の壁

And a small cabin build there, of clay and wattles made;
Nine bean rows will I have there, a hive for the honey bee,
And live alone on the bee-loud glade.
いざ起ちて、われ行かむ、われ行かむ、イニスフリイに、そこにわれ、埴土(はに)、壁下地(えつり)もて、ささやかの庵をむすび、一箱の蜜蜂の巣そなへ、九つの畦(うね)に豆植ゑ、住まはなむ、たゞ獨り、はちさやぐ森の空地に。
　　（厨川白村訳『英詩選釋第一巻』アルス、大正12年）

make は粘土（clay）を捏ねて漆喰を作る作業のことだっ

たのです。そして，捏ねて作られた漆喰を塗り固めることを古英語で wyrcan と言いました。これが現代英語の work にあたります。

　make と同じ語源のことばに mingle「混ぜ合わす」がありますが，これも土を捏ねて漆喰を作る様子を伝えてくれます。mingle の ming- は among「～のあいだ」の -mong と共通です。古英語に「混ぜ合わされたもの」という意味を表す on gemang という言い方がありましたが，これが，徐々に一語のようになって，かつ on- が弱く発音されて a- に変わり，ge- が消えて現在の among となりました。

　力強いイメージを表現する第3文型には make がぴったりしている理由がわかっていただけたかと思います。make はごく平凡なことばですが，その表面に見えない部分には印欧語族の世界観が混ざり合わさっていて，それがかすかな語感となって伝わっているといえます。

木骨造りの家並み（ドイツ・クヴェトリンブルク）

14
rich/right/reach
▼
～天に向かってまっすぐ伸びる～

「マハラジャ」と聞いて踊りたくなる人はバブル時代の夜を東京の麻布界隈で過ごした人，そして踊りを見たくなる人はインド映画に詳しい人かもしれません。

「大王」を意味する Maharaja は昔のインド各地方の君主の称号でした。古代のインドから伝わるサンスクリット語はヨーロッパ諸語とは親戚同士です。そのサンスクリット語で「大きい」を意味する maha は，ラテン語の magunus（マグヌス）「大きい」とかギリシャ語 megas（メガス）「大きい」，英語の much「たくさん」とも同じ語源に由来します。サンスクリット語は梵語として仏教とともに日本にもやってきました。「摩訶不思議」の「摩訶」は maha にあたります。「摩訶不思議」とは「大いなる不思議」ということになります。

一方で「王」を表す raja はラテン語で rex（レックス）「王」になり，そこから英語の regal「王の，威厳のある」，reign「治める」，royal「王の，王立の」，rule「規則」などが派生しました。これらはすべてイギリスがフランス人の貴族によって治められていた13世紀から14世紀に英語へ入ってきたことばです。

以上の「王」に関することばはいずれも印欧祖語

の *reg- という語根にもとづき、その意味としては「まっすぐ動く」です。しかし「まっすぐ動く」というのはいかにも抽象的で、これがどうして「王」と結びつくのかにわかにはわかりません。

じつは、*reg- ははるか昔からの印欧語族の人々に共通する世界観を表すことばなのです。印欧語族の人々の世界観でまっすぐなものといえば、それは「世界柱」です。原初神が、世界の大地から天を支えるためにまっすぐに立てた「世界柱」です。したがって、*reg- は「まっすぐ動く」というよりはもっと具体的に「まっすぐ立てる」という意味のほうがわかりやすいと思います。直立した「世界柱」の上部は天であり、それは原初神の領域です。そして下部は人間の世界でした。

このように *reg- は印欧語族の人々のまさに世界の中心に位置することばですから、そこから様々な派生語が生まれてきます。「直立させる、立てる」を表す erect や「まっすぐな」を表す right などは、*reg- のもつ中心概念をそのまま残しています。形容詞としても、また名詞としてもいろいろな意味をもつ right は、出発点は「まっすぐな」で、そこから「正しい」が生まれて、それが多くの人の利き手側を指すようになると「右側の」という意味が出てきます。right には「権利」という意味がありますが、これは「行うべき正しいこと」から発達してきたものです。

次に同じく *reg- から生まれたことばに「王国、帝国」を表すドイツ語の Reich（ライヒ）があります。いまでは

「王国，帝国」と訳しますが，元来はもちろん印欧語族の世界における原初神の「領域」です。Reichと同形の形容詞reichは英語ではrich「豊かな」になります。では，何を「豊か」にもっているのかといえば，原初神とのつながりで考えると，それは「おカネ」ではなく「権力」と解されます。またその権力を延ばすことや権力の届く範囲をreachといいます。richは語源的には「権力持ち」ということになります。

おそらく「権力」は「王国」と密接な関係があるのでしょう。もっと具体的にいえば権力と土地は表裏一体の関係にあるといえるかもしれません。不労所得ということばがありますが，貴族とは本来的には広大な土地をもっているがゆえに大量の不労所得を得られる身分のことです。いまから150年ほど前のイギリスでは，全土地所有者のうちの0.44％に当たる人が，全所有地の約55％を所有していたそうです。

日本では「土地神話」がささやかれていた時代はいまとなっては昔日の観がありますが，リッチということばは下世話なシャバの世界から神話の世界に至るまでまっすぐに貫いて存在していることばなのです。

ついでながら，印欧語族の人々はもともと中央アジア寄りのヨーロッパにいたと考えられています。そこでさらに想像を働かせると，問題の*reg-という印欧祖語はアジアの漢字世界では「力」と表記されたのではないでしょうか。読みは「リキ」あるいはそれに似た音だったはずです。

61——[rich/right/reach]

15

measure
▼
～メジャーで測ったものとは～

　しばらく「世界大工」として表象された原初神にまつわることばを見てきました。原初神は時間，空間そして生命などあらゆるものの源です。そのうち空間の創造主としての原初神を「世界大工」として表象していたわけです。

　さて，ここからは時間の創造主として表象された原初神にまつわることばに目を向けましょう。通常，英語のmeasureといえば，寸法を測る道具を指したり，「計測する」という動作を意味します。つまり空間を測定するイメージがあります。一方，measureと語源を同じくする古英語にmetod（メトッド）ということばがあるのですが，これは測定者としての「神」とか「運命」を意味しました。Metodは古英語で書かれたゲルマン最古の叙事詩『ベオウルフ』でもたびたび言及される神の名称の1つです。

　どうして「神」や「運命」が「測定」と関連するのかといえば，古代ゲルマンの人々は，神であるMetodは「世界大工」として空間だけでなく時間をも測定して創造すると考えたからです。神は「時間を作り，測定する存在」といえますし，この「時間」とはすなわち人間の「運命」のことでもあります。

　古代の人々は時間と空間という2つの概念を一体のもの

としてとらえていたようです。一説によれば,日本語でも時間を表す「とき（時）」と空間を表す「とこ（床）」あるいは「ところ」とは語源的に関係があるそうです。印欧語族の人々の神は根太を組み合わせて大地（earth）を造り,日本の神は床を造ったのかもしれません。

　昔から洋の東西を問わず,時間の変化を測る指標となるのは月です。空に輝く月は moon,そして暦の月は month といいます。そして measure も moon も month もすべて印欧祖語の語根 *me- にさかのぼると考えられています。その意味は「測る」です。「測る」といえば meter「メートル」もやはりここから派生しています。

＊　　＊　　＊

ひるがえって,「測る」とか「数える」ことを昔の日本語では「よむ」と言いました。いまでも「選挙の票をよむ」といえば票を「数える」とも「予想する」とも解釈できます。因幡の白ウサギは隠岐の島から因幡へ渡るのにちょっと悪いことを考えつきました。ワニザメの仲間の数を数えましょうと言ってワニザメを海の中に並ばせ,その上を歩いて渡ってしまおうという魂胆です。そのとき白ウサギはワニザメの背の上を「読み度（わた）り来」たそうです。この「読む」が「数える」ことを意味します。

　また,その多くが大伴家持の歌なのですが,万葉集では恋する妹（いも）がいつ来るかと日にちを数えることを「月をよむ」と表現します。

ぬばたまの夜渡る月を幾夜経と　数みつつ妹は
　　吾れ待つらむぞ　　　　　　　　　（巻18，4072）

現代仮名遣いに書き改めた版では「読む」には数という文字を当てていることが多いようです。

　また，新古今和歌集には次のような歌があります。

　　藻塩草かくとも尽きじ君が代の
　　数によみ置く和歌の浦波　　　（巻7，741，源家長）

　ここでの「よみ置く」の「よみ」は，「読む」と「数える」の掛詞です。

　そういえば，天照大神の弟に月読命（つくよみのみこと）がいますが，日本書紀によれば，その仕事は「滄海原（あをうなばら）の潮の八百重（やほへ）を治（しら）す」ことだそうです。月の満ち欠けと暦の関係がここにもあらわれています。

　こうしてみると，古代ゲルマンの神の名称 Metod と日本神話の月読命がどこか重なって見え，なんとなく親近感がわいてくるようです。

16
drive/drop
▼
～ズルズル伸びる植物～

　植物は古代ゲルマンの人々にとって原初神を表象するための様々なイメージを与えました。たとえば垂直方向に屹立する巨木は「世界柱」とか「世界樹」（world-tree）として空間を表象しますし，一方で低木林は枝が入り組みながら水平方向に伸びていくさまから「繁栄」という概念を連想させたようです。

　この「繁栄」のイメージの代表となることばが古英語のdryhten（ドリヒテン）「神，一族郎党の主」やdryht（ドリヒト）「一族郎党」です。これらのことばにぴったり一致する現代英語はありませんが，それでも語源をさかのぼると，dryht(en)は印欧祖語の語根 *dher- に由来し，「しっかり支える」という意味にたどり着くようです。一説によれば，この抽象的な意味の背後には低木林のイメージがあるといいます。ことばというのはいつでも具体的なイメージから出発します。

　そのイメージとは，低木林の枝がぐんぐん伸びて繁茂し，日本でいう小柴垣のような壁を作っている様子です。するとここからさらに，「植物のように繁茂し，栄える一族郎党（の主）」という比喩的な意味が生じてきます。

　じつは印欧祖語の語根 *dher- およびこれとよく似た形

をもつ語根には様々な意味が想定されています。それは「支える」,「しっかりした」,「引く」,「駆り立てる」,「落ちる」などで、そこから drag, draw, drive, drip, drop などの単語が派生しているのですが、従来の語根辞書ではそれぞれの意味のグループは互いに別個のものであると考えられていました。

* * *

　ここから、意味と音の関係をよりどころにして一歩踏み出してみましょう。先にも紹介したように、古代ゲルマン人は *dher- に「繁茂する植物」という具体的なイメージを見いだしました。もしかすると、彼らの頭の中でこれを可能にしたのは日本語の「ズルズル」に似た音象徴ではないでしょうか。日本語の「ズルズル」は印欧語族の *d(h)r- に相当するのです。

　このように考えると、*dher- は「蔓（つる）」とか「蔦（つた）」という、より具体的なイメージとして理解できると思います。日本語では「ズル」の濁音が取れた形の「ツル」からたくさんのことばが生まれています。「伝う」,「伝える」,「連れる」,「連なる」,「吊る」などです。印欧語族ではどちらかといえば「ツル」よりも「ズル」、つまり *d(h)r- から多くのことばが派生しているようです。そこでこの *d(h)r- にもっと一般的な「物体が重力その他の力に抗しきれずに動く様子」という意味を想定すれば、drag, draw, drive, drip, drop などのことばは、すべて音象徴として説明できます。

垂直方向なら drip や drop になります。水滴が徐々に大きくなって重力に抗しきれず落下する様子は日本語では「ポタポタ」,「ボタボタ」ですが,英語では dr- で表現するようです。そして水平方向の動作なら drag や draw, drive になります。

　たとえば,「リュックサックをずるずる引きずる」ことを英語では "to drag a rucksack" と表現できます。現在では drive するといえば自動車を運転することになりますが,昔は馬を操ることを意味していたはずです。つまり,自分とは違う意志をもった馬をどうにか操ることを drive と言ったのだと思います。馬にしてみれば,「自分の体が駁者（ぎょしゃ）の命令に抗しきれずに動く」のです。指揮者のカラヤンがあるとき「さながら馬をドライブするかのようにオーケストラを操る……」といっていたのを思い出しますが, drive とはそういう感覚なのでしょう。現代のように,自動操縦モードのついた車を運転するだけではわからない感覚かもしれません。

17
old
▼
~「成長」と「老化」は同じこと~

　たとえば，すくすくと成長する子供の姿を見て，時の経過をしみじみ思うということは，時代を問わず人間だれしも経験することだと思います。時間の創り主としての原初神を植物にかかわることばで表象するのは，時間は植物などの成長として目に見えるからだと推測されます。

　old（古英語では eald）ということばも古代ゲルマン，あるいは印欧語族の人々のこのような表象方法から生まれ出たことばです。印欧祖語には「育てる，養う」という意味の語根 *al- があります。そして，これをもとにして「育てられた，成長した」という意味をもつ形容詞の形にしたものが eald です。ドイツ語では alt（アルト）といって形が似ています。

　ちなみにドイツ語では alt の比較級は älter（エルター）となります。alt の a が ä になるのは，比較級の語尾 -er がつくことにより，母音の [a] が [e] の方へとずれてしまうからで，この現象をウムラウト（変母音）といいます。こうした方が発音しやすいので母音が変わるようです。英語では比較級に伴うウムラウトは原則として発生しないのですが，年上の親族を表わす名詞を修飾するときに用いる elder と最上級の eldest だけが例外です。ゲルマン諸語独

特の音変化を残している数少ない例です。

　ゲルマン諸語以外でも old の仲間として，たとえばラテン語では alere（アレーレ）「養う」や，そこから形容詞形にした altus（アルトゥス）「高い，古い」があります。成長した植物は背が「高い」という意味です。英語で「高さ」を表す altitude はラテン語の altus がもとになっています。この altus に「外へ」を表す ex- を付けると exalt となり，これは「高める，得意にさせる」という意味です。さらには adolescent「青年期の」，adult「成人した」も同じ仲間のことばです。

　さらに進んで古代ゲルマン人および印欧語族の人々の時間表象を見てみましょう。印欧語族の人々は具体的にはどんな植物を見てこのような時間の「成長」を連想したので

オークの木
ドイツの森にはオークがたくさんそびえ立っていて，人々はたいへん大事にしています。

しょうか。1つ予想されるのはブナの仲間のオーク（oak）です。日本ではナラやカシなどもオークの仲間です。オークは現在でも家具に用いられますが，その優れた耐久性は昔から知られていたようです。そこで oak の古英語形 ac（アーチ）から作られた形容詞 æce（エーチェ）には「長持ちする，とこしえの」という意味があります。オークはドイツ語では Eiche（アイヒェ）といいますが，やはりこの木の頑丈さのせいか，"Keine Eiche fällt auf einem Streiche." ということわざがあって，「オークは一撃では倒れない」，つまり「根気は成功のカギ」という意味で使われます。「永遠」という抽象概念ももとをたどれば具体的なものの表象から生まれていることがわかります。

　最後に，もう1つ old にまつわることばを紹介しておきましょう。それは world です。world は古英語では wor-uld と綴りますが，この語構成はゲルマン諸語に共通で，「人」を表す wer に eald がついてできた形です。「人の歳」あるいは「人生」という意味なのですが，これが「世界」になりました。時間的な意味が空間的な意味へと変換されたということになります。これが可能になるのは時間と空間の両方の創り主である原初神のイメージが古代ゲルマンの人々の間にまだ残っていたからかもしれません。

18

belief
▼
~木々の葉に宿るゲルマンの神~

　belief あるいは動詞形の believe ということばを見て，その中に何が見えるでしょうか。

　このことばは be- と lief から成り立っているのですが，lief は leaf「葉」のことです。本来ならば，母音の部分の綴りは beleave とか beleeve となるべきところですが，grief/grieve のような綴り字からの類推で belief/believe となってしまったようです。この綴り字のせいで「信仰」と「葉っぱ」の関係に気づきにくくなってしまいました。

　これまで時間の創り主としての原初神にまつわることばをいくつか見てきましたが，belief もその仲間の1つです。原初神は時間の創り主として，季節をめぐらせます。季節のうちでも春は印欧語族の人々にとって特別な季節です。長い冬が終わって春になると木々が芽吹き，若い緑色をした小さな葉っぱが姿をあらわします。古の人々は花ではなく，萌え出た小さな葉っぱに原初神の姿を見たのです。

　じつは古英語では belief は geleafa（イェリーファ）でした。be- ではなく ge- で始まっていました。この ge- という前綴りは集合名詞を作る働きがあるので，geleafa というのは「木々の葉っぱ」を意味していました。そして「木々の葉っぱ」が原初神としてとらえられていました。

木々の葉っぱに神が宿っていたのです。つまり神の存在はきわめて具体的なものとしてリアルに感じられていたということになります。古英語の geleafa が「信仰」という抽象的な意味になったのはゲルマンの人々がキリスト教を受け容れてからのことです。

いまも英語以外のゲルマン諸語では belief「信仰」に相当する語は ge- を保っています。ドイツ語では名詞が Glaube（グラオベ），動詞が glauben（グラオベン）ですし，オランダ語では名詞が geloof（ヘローフ），動詞が gelooven（ヘローフェン）です。しかし英語では ge- という前綴りが使われなくなったため，そのかわりに強意を表す be- がつけられました。13世紀から15世紀のことです。

若葉に宿る原初神はもちろん生命力の象徴です。そこで葉っぱにふれると原初神の生命力を授かるのです。ギリシャ・ローマ時代から現在に至るまでスポーツの勝者に月桂樹の冠が授与されるのはこの名残です。また，葉っぱと原初神は大英博物館に展示されている「フランクスの小箱」の右面に描かれています。これは6世紀に制作されたと思われる鯨の骨でできた小箱で，これまでとくに右面はその難解さから十分な解釈がなされていませんでした。しかしミュンスター大学のカール・シュナイダー博士が唯一，首尾一貫した解釈を与えています。それによると，右面は，画面のもっとも左に描かれている上半身が鷲の形をした原初神が兵士にヤドリギの葉で触れている場面であるといいます。印欧語族の人々の葉っぱに対する信仰はこの小箱に

フランクスの小箱（右面）
(K. Schneider, *Rūnstafas*, Nodus Publikationen, 1994)

も見られます。

　印欧語族の人々だけではありません。日本でもよく似た習慣が残っています。神社で榊（玉串）を用いてお祓いをする習慣です。玉串とは魂が宿る串状のものをいいます。

　古の人々は神々の姿がよく見えていたのかもしれません。漢字の字源研究の泰斗，白川静博士（1910-2006）によれば，神の出行を「遊」というそうです。ゲルマン風にいえば，神々が葉っぱに「あそばす」のです。そのとき，どのような音がするのでしょうか。民俗学者の折口信夫（1887-1953）は，春とともに神は「おとなひ」（訪なひ）の響きを立てて「おとずれる」と言いました。古代の日本人にとっても，それからゲルマン人にとっても，その音はかそけき木々の葉のざわめきだったのかもしれませんし，吹き抜ける一陣の風の音だったのかもしれません。

19

sun と ring
▼
~太陽の馬車~

　ピアニストのエレーヌ・グリモーさんは，ラフマニノフのピアノ協奏曲第2番を聴くと（あるいは弾くと）すべてを包み込むような黒色が見えるといいますし，ロシアの作曲家スクリャービンは，オルガンと照明とを連動させた仕掛けを用いた実験的な作品を書きました。まさに「音色」ということばがぴったりです。

　音を聞いて色が見えたり，味覚を感じたときに何らかの形が見えたりする現象を共感覚といいます。おそらく人間の神経機構のどこかで五官が未分化ないしは混線しているために生じる現象であると考えられています。

　古代ゲルマン人が共感覚者であったという確証はありませんが，その共感覚的な感性から興味深い単語がいくつか生まれています。ローマ帝国の外側にいた古代ゲルマン人の生態について貴重な記録を残しているのはローマ人の歴史家タキトゥスの『ゲルマニア』（紀元1世紀頃）です。タキトゥスは同書でスカンディナビアの白夜と明け方の曙光の様子を報告しています。

　　人々は次のようなことを信じている。それは，日の出には太陽から音が聞こえ，そして太陽の馬車を引く馬

の姿と馭者の頭部から発せられる輝きが見える，ということだ。　　　　　　　　　　　（『ゲルマニア』45章）

古代ゲルマン人は日の出には太陽の音が聞こえると信じていたようですし，またここで言及されている馬車とはコペンハーゲンの国立博物館に展示されている「太陽の馬車」のことと思われます。

　このタキトゥスの記述は太陽を表す sun の語源探索に光を当ててくれます。sun はラテン語の sonare（ソナーレ）やサンスクリット語の svanati（シュヴァナティ）など，「音が鳴る」を意味する印欧諸語とともに同じ語源にさかのぼるからです。ということは，古代ゲルマン人以外の印欧語族の人々もみんな太陽の音を聞いていたのかもしれません。

　音といえば英語の sound もまた sun の仲間で，ラテン

太陽の馬車

語のsonum（ソヌム）「音」がフランス語を経由して14世紀の初めあたりにsounとして英語に入ってきたものです。その後，boundなどの語形の影響をうけて-dがつけられ，16世紀頃からsoundという形が一般的になりました。そのほかに「白鳥」を表すswanもsunやsoundと同語源です。その響き渡るような鳴き声が名前の由来です。このように，はるか昔の印欧語族の人々は太陽と音の間に密接な関係を見いだしていたようです。

　さて，ここからは共感覚的な意味の変化へと話題が移ります。古代ゲルマン人は朝日に馬車の姿を見たようです。そして馬車の車輪を太陽に見立てたのです。車輪とはringのことですが，このことばには視覚的な「車輪，輪」と聴覚的な「音が鳴る」という2つの意味があります。辞書を見るとこれら2つのringは別個の見出し語になっていて，もとは同じことばであったとは想像もつきませんが，両者は印欧語族の人々の太陽に対する信仰の中から生まれた同じことばでした。

　同様に視覚的な意味から聴覚的な意味が発生した例としてbrightがあげられます。古英語でbrightを動詞にすると，「輝く」のほかに「明瞭な音を出す」という聴覚的な意味になります。また，これとは反対に聴覚的なloud「うるさい」は「目にうるさい」，すなわち「派手な，けばけばしい」という視覚的な意味にもなります。

　共感覚の持ち主も，またそうでない人も，言語表現においては共感覚的な意味の転移や拡大を行っているようです。

20
swastika と solar
▼
～はるか昔の太陽の音～

　前項では古代の印欧語族の人々は太陽から音を聞いていたのかもしれないという話をしました。それでは彼らはいったいどんな音を聞いていたのでしょうか。その手がかりになるものがスウェーデンにあります。

　スウェーデンの西岸をノルウェーとの国境近くまで北上したところにタヌムという町があります。この町はいまから約3000年も昔の青銅器時代の人々が花崗岩の表面に数々の絵を彫り刻んだ「岩絵」で有名な町です。かつてはフィヨルドに面していたかもしれない土地にむき出しになった花崗岩には人間，動物，船など様々な文様が彫られていて，それは現代人の目から見てもアヴァンギャルドなロック・アートに見えるぐらいに洗練されたものです。

　タヌムの岩絵は美術史や考古学上の貴重な資料であるのみならず言語学的にも太陽を表すことばの語源を探るための貴重な資料を提供しています。ナルトのような渦巻きの形をした文様や円の中に十字が書かれた文様などは，太陽が天空を転がるさまを描いていると考えられるのです。

　印欧諸語で太陽を表すことばとして，sun の仲間以外に「かぎ十字」を表す swastika へ連なるグループとラテン語の sol（ソル）「太陽」やそこから分かれ出たフランス語の

soleil（ソレイユ），英語の solar などが属するグループがありますが，両者の関係については充分な説明がなされていませんでした。ところが言語学と宗教学などの知識を組み合わせてこの問題の解明に挑んだ学者がいました。

　カール・シュナイダー博士はまずタヌムの岩絵などに描かれているナルト状の文様や円と十字が組み合わされた文様を「天空を転がる太陽」であると解釈しました。つまり農耕機具として当時使用されていた車輪によって太陽が表象されているというのです。そして様々な文献記録を見ると，この「車輪」はただの車輪ではなく，農民に対して暖かさや命を恵む「良き車輪」という意味をもっていたに違いないと予想しました。そして swastika も sol も印欧祖語の「良い」という形容詞と「車輪」という名詞の組み合わせから成り立っていることが証明されました。

　おもしろいのは，「車輪」を表す *kuol（クオル）の前段階の語形として *kuelkuol（クエルクオル）が推測されるということです。この「クエルクオル」はおそらくオノマトペアで，印欧語族の人々が朝日の中に見た太陽の馬車はきっと「クエルクオル」と転がったのでしょう。日本語の「コロコロ」というオノマトペアとそっくりです。

　印欧祖語でも日本語でも，[k] 音と [l] 音の組み合わせは円形のものが転がるさまを表象する力をもっているようです。「転がる」ということばも「コロ」を動詞にしたものです。もしかすると「繰る」や「来る」も元来は「コロコロ」と同じ表象から生まれたのかもしれません。

世界遺産に登録されている「タヌムの岩絵」

「コロコロ」と書けば明らかに擬音語であるとわかりますが，普通のことばも元来は擬音語や擬態語にもとづくものが多く，それらは人間の言語による表現活動がもっとも純粋な形で現れる詩などにおいて姿を現すことがあるのかもしれません。たとえば『万葉集』の，

　　来むというも　来ぬときあるを　来じといふを
　　来むとは待たじ　来じといふものを　　（巻4，527）

は頭韻を作る「来る」が繰り返し現れることにより愛しい人の心変わりを巧みに表現しています。「心変わり」といえば一青窈さんの歌を思い出します。

　　心がわり　ころころ変わり
　　それでも君だけ，と作り事ばかり

じつは「こころ」ということばそのものも胸部に位置する「凝り固まった」ものを表す強意のことば「ここり」に由来すると考えられています。

古代ゲルマン人の心の耳に聞こえたかもしれない太陽の音が日本語の「コロコロ」とたいへん似ているということは，擬音語や擬態語は民族を超えて人間に共通な言語表象であることを示唆しています。

21

bright/photo/fire
▼
～光り輝くことば～

　はるか1000年以上も前からイギリスに伝わる詩の中に「白樺には実はならないが，光り輝いている」という一節があります。書斎で読んでいるときはそれなりに納得していたのですが，あるときドイツの森の中を歩いていて実感したことがあります。美しい若葉の季節，初夏を目前にして以前よりもさすがに明るくなったドイツの森の中でひときわ輝いているのが白樺の林でした。白い樹皮に被われた幹と若葉が茂る白樺の林は，さながらそこだけスポットライトを浴びているかのごとく周囲から浮き上がるように光り輝いていました。古代ゲルマンの人々が，目立った実がならない白樺に生命力を見いだし，豊穣の象徴と見なしたのもよくわかるような気がしました。

　この白樺はドイツ語では Birke（ビルケ），現代の英語では birch といいます。そして語源をたどれば bright「輝いている」と同語源で，印欧祖語の *bherəg- にたどり着きます。この語根には「輝く，白い」という意味があてられています。じつは印欧祖語には「輝く」という意味をもつ語根がいくつかあって，いずれも *bh- という音で始まっています。おそらく *bh- で始まる語根は日本語ならば「パッと光る，輝く」というような感じを表す音象徴であ

ると思います。日本人が「パッ」というところを印欧語の人々は「バッ」と言ったのでしょう。

　「輝く」を表すもう1つの語根 *bha- からめぐりめぐって日本の地名が生まれ出ていると書けばにわかには信じられないかもしれません。この *bha-「輝く」は，ギリシャ語では「光」をあらわす phos（フォス）を経て英語の photo になります。photograph「写真」の photo です。また，サンスクリット語の potalaka（ポタラカ）ということばも同じ仲間です。potalaka は「光り輝く（pota）山」という意味で来世を表します。チベットにあるポタラ宮は potalaka からその名前を取っていますし，日本のお寺で補陀落寺(ふだらくじ)というお寺がいくつもありますが，この山号もまた potalaka に漢字を当てたものです。一説によれば，日光男体山も補陀落山として信仰を集めていましたが，この「ふたら」の読みに「二荒」という漢字を当て，さらに「二荒」を音読みして「にこう」すなわち「日光」という漢字を当て直したと言われています。たしかに potalaka は光り輝く山ですから，「日光」という漢字を当てるのはまさに意にかなっています。

　古代インド，仏典のことばとして日本にも伝わるサンスクリット語は印欧語族に属します。ということは，英語とも遠い祖先でつながっていることを意味します。キリスト教以前の時代の古代ゲルマン人は原初神を信仰していました。そして彼らもまた，来世は光り輝く世界で，そこにある山には鷲の姿をした原初神が鎮座していると考えていま

した。その姿は「フランクスの小箱」(右面) (73ページ) に描かれています。

　ここまで印欧祖語の「輝く」を表す語根の１つとしてbh-ではじまる例を見ましたが，これとは別にp-ではじまるものもあります。*pur-がそれです。ここから英語のfireやドイツ語のFeuer（フォイアー）「火」などが派生していると考えられています。もちろん火は光や輝きを発っするので，*pur-は上に見たbh-ではじまる語根と根本的には同じ音象徴の原理にもとづいていると考えられます。火がつく瞬間に輝きが発生しますが，そのときわれわれは「パッ」と火がつくと表現します。あるいはまた，暗闇に突然鋭い光が差し込むさまよりは火が点灯するさまの方が柔らかい印象をもちます。その違いがb-とp-の表象性の違いであるともいえます。p-ではなくてf-ならばもっと柔らかい感じが出ます。

　そういえば日本語の「火」は，奈良時代以前の日本語では「ヒ」ではなく「フィ」であったようです。印欧語族の人々がp-で表象したものを上代日本人はf-で表象していたのです。輝くものをわれわれは「フォッ」とか「ポッ」ないしは「パッ」，あるいは印欧語族の人々のように「バッ」と表象してしまうようです。いずれも音象徴にもとづくことばということになります。

　　あらたふと青葉若葉の日の光（芭蕉）

22

book
▼
〜本は「男性」か「女性」か〜

　今回は文法性の話です。たとえばドイツ語やフランス語では文法性がありますが，性というのは語学でも取り扱いが難しいものです。なぜならば，文法性というのは，ようするに名詞とそれに付随する冠詞や形容詞の語形変化のことですから，文法性があるおかげで覚える規則が増えてしまうわけです。

　そういう意味では，現在の英語はほぼ「ジェンダー・フリー」ですから，学習にはもってこいです。ところがいまからだいたい1000年ぐらい前までの古英語には文法性（男性，女性，中性）がありました。英語の兄弟であるゲルマン系の諸言語のみならずほかの多くのヨーロッパ諸語では，いまでも文法性を保持しています。もっとも男性と中性が融合したり，男性と女性が融合して，2種類の性になっている言語も多いのですが。

　では，どうして文法性なるものが存在するのでしょうか。これはひとえにそのことばの語源にかかわる問題にほかなりません。語源は世界の表象と分かちがたく結びついています。

　ここしばらく古代ゲルマン人あるいは印欧語族の人々の世界表象について取り上げてきましたが，その世界表象の

骨組みは、この世界とそこに存在するありとあらゆるものの源は両性具有の原初神であるというものでした。原初神は男女未分化ですから中性で、そこから「父なる天」と「母なる大地」が分かれ出ました。そして、あるドイツの研究者によれば、文法性は「原初神」、「父なる天」、「母なる大地」の属性に応じてそれぞれ中性、男性、女性として決定されるといいます。

　「本」を例としてあげましょう。もともと本は紙ではなく木片に刻み込まれたものでした。これは漢字の「本」が「木」をもとにして作られていることからもわかります。考えてみれば、どの世界でも最初に文字として刻むことばはよほどありがたくて大切なことば、それはおそらく神のことばであったに違いありません。ちなみに write「書く」は古英語で writan（ウリータン）ですが、これは「木を引っ掻く」という意味です。ドイツ語の reißen（ライセン）「引っ掻く」にあたります。このとき書かれた文字はルーン文字と呼ばれる文字です。

　book はゲルマン諸語に分かれる前のゲルマン祖語の *bok- で女性名詞でした。*bok- がどうして女性名詞なのかといえば、木は「母なる大地」から生えてくるからです。そしてこの *bok- から「ブナの木」を表す *boko も出てきたと考えられています。「ブナの木」は現代の英語なら beech、ドイツ語なら Buche（ブーヒェ）です。

　話の続きがまだあります。book と beech は同じ語源ということになるのですが、beech は女性名詞であり続けた

一方で，book の方は言語によって文法性に揺らぎが生じました。古英語なら女性のまま，ドイツ語なら中性，オランダ語なら男性という具合です。これは book と beech も昔の綴りはときとして同じことが多く，両者の区別をつけるために一方の文法性を変えたためだと予想されます。book の文法性が変わって beech がそのままだったのは，やはり *bok- の一義的な意味は「母なる大地」から生まれる「ブナの木」であり，「本」はその「ブナの木」から作られる二次的なものだからではないでしょうか。ただ，言語によってどの性へ変えるかが異なっていたのです。所詮，二次的なものなので何でもよかったのかもしれません。

　もともと同一のことばを，文法性を変えて意味の区別をつけるというのはドイツ語の名詞 See（ゼー）にも見られます。See は女性なら「海」ですし，男性なら「湖」になります。

　以上はわれわれの先祖の「性別」に関する知恵についての話でした。「ジェンダー・フリー」にするとこういうことが何もわからなくなってしまいます。性はなるほどやっかいなものですが，やっぱりあった方が人間（精神）の本質がよくわかるような気がします。

23
weird と should
▼
～サイコロを操る運命の女神たち～

「それではようござんすか,勝負！」というお決まりのことばで始まるサイコロ賭博(とばく)。時代劇でおなじみのシーンですし,落語でも「看板のピン」,「狸賽(たぬさい)」,「今戸(いまど)の狐」,それから「品川心中」など,ご開帳の場面が出てくる話はいくらでも思いつきます。

じつはサイコロ賭博は日本人だけでなく古代ゲルマンの人々をもいたく魅了したようです。ここでは彼らのサイコロにかける（賭ける？）情熱から転がり出たことばを紹介します。

古代ゲルマン人のサイコロ賭博の習俗を記述したのはローマの歴史家タキトゥスです。その『ゲルマニア』では彼らがサイコロの虜になっていた光景が報告されています。

> おどろくべきことにサイコロ遊びは,酒を飲んでもいないとき真面目な娯楽の１つとしてこれをおこなう。儲けようが,失おうが,彼らの無鉄砲さときたら,すってんてんになってしまった挙げ句の果てに,最後の一か八かという一擲(いってき)に,自分の自由な身分と肉体をも賭けるほどである。負けると自ら進んで奴隷に身をおとす。　　　　　　　　　（『ゲルマニア』24章）

この記述はイギリス人の祖先となった古代ゲルマン人がまだ大陸にいた紀元1世紀頃の様子ですが，5世紀半ばに彼らの一部，つまりアングロ・サクソン人がブリテン島へやってきてからもサイコロにかける情熱はさほど変わらなかったようです。10世紀半ばにエアドガー王が，聖職者はサイコロ賭博に夢中になるのではなく，もっと自分の身分にふさわしいように読書に勤しむよう戒める文書を残しています。古英語時代のイギリス人は，聖職者までもが博徒と化していたようです。

　さて，賭博といえば運命の女神と相場が決まっていますが，ギリシャ人と同様に古代ゲルマン人にも運命は三体の女神様によって操られていると考えられていました。北欧の古ノルド語では，彼女たちはそれぞれ Verðandi（フェアダンディ），Urðr（ウルズル），Skuld（スクルド）と呼ばれていました。

　最初の2つの名前はともに印欧祖語の語根 *wert- 「ひっくり返る」にもとづいていて，Verðandi は進行形で「回転させている」，Urðr は抽象名詞で「回転」を意味します。おそらく前者はサイコロが空中でクルクルと回転している様子を，そして後者はサイコロが落下して目を出すときの最後の瞬間を表していると考えられています。Urðr は古英語では wyrd（ウィルド）「運命」となり，これが現在では weird「不気味な」という形容詞になっています。これは後のキリスト教徒から見れば，運命の女神は「不気味」に見えたからです。

さらに，*wert- から現在使われている英語の go の過去形 went が出ています。これは元来 go とは別系統のことばで，「行く」ではなく「くるっと回る」という意味をもっていましたが，15世紀頃に go の過去形 eode が廃れたため went が過去形として使われるようになったものです。

　最後の女神 Skuld は印欧祖語の語根 *skel-「債務を負う」にたどり着きますが，これは現代の英語の should にあたります。サイコロの目によっては，「債務を負う」ということは「支払わねばならない」，「支払うべき」であり，ここから助動詞としての「〜すべき」という一般的な意味が残りました。

　運命というのは予測不可能な変転をするもののようです。古代ゲルマン人のサイコロ賭博にかける情熱によって，まさか助動詞の should が生まれ出てくるとはだれが予想したでしょうか。

24
beer/whisky/wine/mead
〜酒と神の関係〜

　お酒は百薬の長と申しますが，また一方で命を削るカンナとも申します。とにかく飲めばすぐに効いてくるところが多くの薬と違うところです。

　古来，おおかたのお酒は聖なる飲み物として崇められていました。それは，酔った状態において神と相通じることがきると考えられていたからでしょう。ところがビールは宗教的というよりはむしろ俗っぽい飲み物だったようです。

　なるほどビールは修道院で造られてはいましたが，カロリー摂取源という機能以外にはとりわけ特別視されていたわけではなさそうです。その理由としては，もともと原料となる大麦はパンや粥などの日常的な食材の原料だったので，さほどありがたがられなかったのかもしれません。そういえば四旬節（レント）のドイツでは Starkbier（シュターク・ビア），つまり strong beer のお祭りがあるのですが，これは断食の季節に強めのビールを飲むことによって栄養を補う目的があるからです。

　beer は「飲み物」を表す beverage と同じ語源でラテン語の bibere（ビベレ）「飲む」にもとづくという説がありますが，もしそうだとしたら，ビールの原義は単なる「飲み物」にすぎません。

次に，ウィスキーの本当の起源については不明なのですが，ウィスキーという名前そのものはケルト起源です。ケルト系の地域であるスコットランドやアイルランドのゲール語で「命の水」を意味する usquebaugh（ウスケボー）ということばがありました。これが18世紀前半に英語に採り入れられて whisky となったといわれています。もとの意味が「命の水」ですから，ケルト文化の中で何らかの聖なる飲み物としてとらえられていたのだと思います。

　それからワインは，昔から南ヨーロッパを中心に重宝されていて，教会儀式に必要不可欠なものであったことはいうまでもありません。wine ということばそのものは，イギリス人の先祖であるゲルマン人がまだヨーロッパ大陸にいた頃にラテン語の vinum（ウィヌム）「酒」から採り入れていたことばです。

　さて，もう１つ大事なお酒があります。蜂蜜酒です。キリスト教到来以前のゲルマン人にとって聖なる飲み物とは蜂蜜酒 mead のことでした。原料の蜂蜜が特別な意味合いをもっていました。なぜ特別かといえば，蜂蜜ができるにはまず天のもっとも高いところ，すなわち原初神がおわすところから花へと落ちてくる露を蜂が集め，それが蜂蜜に変わると考えられていたからです。そのようにしてできた蜂蜜は原初神の聖なる力に満ちています。そしてさらに，蜂蜜を蜂蜜酒へと変えるためには発酵させなければなりません。その発酵を促すために，おそらくゲルマンの司祭が蜂蜜に唾を吐き入れたのです。唾が酵素として作用するわ

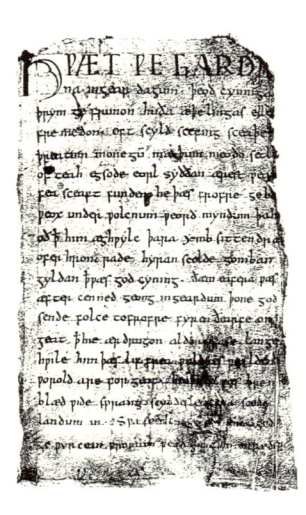

『ベオウルフ』冒頭部写本

けです。

　古英語で書かれた英雄詩『ベオウルフ』の中に，あまり徳がない人物として描かれているフロスガールの廷臣たちが，mead-hall（蜂蜜酒を飲む広間）なのに蜂蜜酒ではなくビールを飲みながら戦いの誓いをし，その後に敵のグレンデルに敗れてしまうという件があります。このような語り方の中に，蜂蜜酒はビールよりも聖なる力，つまり強壮作用をもっていることが暗示されているのです。

　ちなみに mead ということばは印欧諸語のあらゆる言語でよく似た語形が保たれていて，そのもとになっている語根として *medhu- 「蜜」が想定されています。これについて，漢字文化圏では *medhu- を「蜜」と記したのではないかという説があります。

[第3章]

古英語の時代 II
～キリスト教に改宗したアングロ・サクソン人～

● ・駆・け・足・英・語・史・③

●古英語の時代 II

キリスト教への改宗とキリスト教文化

　アングロ・サクソンの人々がブリテン島に来る前から，もっといえば印欧語族の人々が各部族に分かれる前から信仰してきた多神教の精神世界に大きな変換をもたらしたのがキリスト教の到来です。

　ブリテン島へのキリスト教の波は南と北の両方向から押し寄せてきました。南からは，597年にローマから派遣された修道士アウグスティヌス（?-c. 604）の伝道使節がブリテン島南部に到着しました。百済から日本に仏教が伝来したのが538年とされていますから，世界史の視点から見れば，ほぼ同じ頃合いに，大きな宗教が大陸から隣の島へ広まってきたといえます。北から635年にやって来たのはアイルランド系の教会で，すでにアイルランドやスコットランドで地歩を固めた後にイングランドに到来しました。

　キリスト教教会の布教方法は，まず各部族の族長（王）を説得し，次に王を取り巻く人々へというふうに，社会の上層部から改宗を進めていきました。英語でキリスト教ではない「異教」とか「異教徒」を意味する pagan や heathen のもとの意味は，それぞれ「田舎者」とか「荒れ地」ですが，これは教会が宮廷を中心とする都市部から改宗を進めていったことを物語っています。

●・駆・け・足・英・語・史・③

　大きな宗教が入ってくると，それに伴って歴史が編纂されます。これは日本にもあてはまることです。最初の歴史書は「教会史」であることが多いのです。そこには布教がいかにして進められて神様の思し召しが実現されていくかが記録されました。イギリスの場合には，ベーダ尊師 (673-735) の『英国民教会史』があって，ここには教会の布教方針について記されています。それによると，異教徒の神殿は取り壊さずに，その中のご神体だけ取り換えよとか，異教徒の雄牛の血を神に捧げる屠殺の儀式は存続させるが，讃える対象をキリスト教の神に変えよというように，形式を残して中身を換骨奪胎させる方法をとったようです。このように，アングロ・サクソン人が長い間親しんできた多神教からキリスト教へと改宗が時間をかけて進んでいきました。

　このような布教方針はことばにも反映されました。宗教の中心的な概念を表す語ははるか昔からアングロ・サクソン人が用いてきた単語をもののみごとにそのまま残したのです。たとえば「神」を表す Dryhten, Frea, God, Metod, Scippend などは，もとはといえばゲルマンの原初神を指し示すことばでしたが，それをそのままキリスト教に転用しました。教会のことばであるラテン語の「神」を表す Deus は，この時代の古英語には入っていません。

　このようにして6世紀末から始まったアングロ・サクソン人のキリスト教改宗は徐々に浸透していき，約50年後には，社会の上層部はおしなべてキリスト教に改宗していた

と思われます。いずれにしてもブリテン島にキリスト教がやって来たことにより，ローマ人がこの島から引き揚げて以来約250年ぶりに，ブリテン島は大陸の文化，もっと正確にいえばラテン文化とつながることになるのです。

キリスト教改宗後のイングランドでは，北部のノーサンブリアから徐々に拠点を南部に移しながら，各地でキリスト教文化がおおいに栄えました。その熱意とレベルの高さは，イングランドを越えて逆に大陸にまで及ぶこともありました。

ヴァイキングの侵入とアルフレッド大王

それはある日突然に稲妻のようにやってきました。北欧デンマークからのヴァイキングの侵略です。デーン人とも呼ばれる彼らは，イングランドの高度なキリスト教文化に対する脅威となりました。襲撃は787年に始まり，その後約100年かけて，イングランドのほぼ全域がデーン人の手に落ちてしまいました。

このような状況のもと，一連のデーン人の勝利に終止符を打たせたのがアルフレッド大王（849-899）でした。大王は，878年にウェドモアでデーン人の首領グスルムと平和条約を結びました。これによりイングランド中央部より北東がデーン人の支配地域，南西部がアングロ・サクソン人の支配地域と定められました。デーン人の支配地域ではデーン人の法律（Danelaw）が効力をもっていたことからこの地帯はデーンロー地域と呼ばれました。

・駆・け・足・英・語・史・③

ヴァイキングが英語にもたらした影響

　アングロ・サクソン人は度重なるデーン人の侵入に苦しめられながらも，両者は次第に同化していきました。古英語もデーン人の古ノルド語も同じゲルマン諸語の中の方言同士という関係であることと，両者の文化程度がさほど違わなかったことから，日常生活で使用される種類の単語が古ノルドから古英語へたくさん採り入れられました。

　一方で，古ノルド語は古英語の文法に対して甚大な影響を与えました。それは，古英語と古ノルド語が同じ語派に属する親近性の強い言語であるからこそ可能になったものです。通訳を介さずともどうにかわかり合えるもの同士で，あえて違いといえば文法上の語尾変化ぐらいだったのです。そのためその違いは，時がたつうちにいわば摩滅していったのです。つまり，格や性による語尾変化や種類の多い定冠詞はしだいになくなりました。それにともなって，古英語は格変化ではなく語順に頼る文法構造をもった言語に生まれ変わっていきました。

　このような文法の単純化は，イングランド北部のデーンロー地域で最初に起こりました。こうして生じた北部方言の特徴がイングランド全体の古英語に浸透したとき，古英語は中英語と呼ばれる次の時代の英語へと変わっていったのです。

25
England と English
▼
~なぜ Englandish ではないのか~

　国名とその形容詞形に関して通常よくあるパターンは，まずは国名があって，そこからその形容詞形を派生させるというものです。たとえば Japan から Japanese ができ，France から French ができました。

　それでは England と English について見ていきましょう。そもそもイギリスのことをなぜ England と呼ぶのでしょうか。現在のイギリス人の祖先は，いまから約1500年前に，現在デンマークになっているユトランド半島北部からやって来たジュート族，ドイツとデンマークが接するユトランド半島南部からやって来たアングル族，そしてドイツとオランダの北部沿岸一帯のフリースランド地方からやって来たサクソン族から成り立っています。このうちのアングル人の名前が England の中に残っているのです。

　イギリスの成り立ちを記した年代記によれば，当初は Angelcynn（アングル人）という名称がこの国全体の国名をも表していたようですが，8世紀後半に始まるヴァイキングの襲撃以降，England が国名として用いられるようになりました。England はもともと Angla「アングル人たち（複数）の」に land「土地」をつけて Englaland と記されました。これが縮まって England になったものです。ち

なみに Angelcynn の cynn は，現在では kin「親族」となって残っています（詳しくは〈28〉king の項を参照）。

　一方，形容詞形の English はといえば，「アングル人たち（複数）」を表す Angli- に形容詞を作る語尾である -isc をつけた結果できた Englisc が English になったものです。ということは，形容詞形の English は国名の England から作られたものではなかったことがわかります。そうでなければ English ではなく Englandish になっていたはずです。

*　　*　　*

　このアングル人がもともと住んでいたユトランド半島南部にはいまでもアンゲルン（Angeln）という地名が残っています。この地名の語源としては，このあたり一帯は複雑なリアス式海岸になっていて，地形が鋭い釣針型の半島であることから，鋭い角を表すアングル（angle）と同じではないかと考えられています。Angeln 地方の狭い地形から考えて，ドイツ語で「狭い」を表す eng（エンク）ということばも同語源かもしれません。もしそうだとすれば，胸が狭くなる様子を表す anger「怒り」や anxious「不安な」などとも，語源的につながっているということになります。

26

Oxford
▼
～オックスフォードとボスポラス海峡の関係～

　それは気象変動のせいなのか,あるいは東方からの異民族に押されたのか,その理由については諸説あるようですが,とにかくゲルマン民族というのはよく動きます。東ゲルマン人に分類されるゴート族はバルト海周辺からロシア南部の黒海周辺に移ったあと,4世紀から5世紀にかけて起こったとされるゲルマン民族大移動では西進し,イタリア半島から,さらにはイベリア半島まで移動します。一連のゲルマン民族大移動の最後とされるのは北ゲルマン人の移動で,彼らはヴァイキングとして故郷のスカンジナヴィアを出発してヨーロッパ沿岸をぐるぐる回り,南ヨーロッパの地中海沿岸から北はブリテン島,さらにはアイスランド,グリーンランドを経て,1000年頃には一部はカナダ東岸のニュー・ファンドランドまで達しました。

　476年に西ローマ帝国が崩壊したのは,広大な領土の至る所に蛮族のゲルマン人が侵入し始めたためでした。そして,西ローマ帝国のあとに台頭してきたのがゲルマン人のフランク王国でした。フランク族は3世紀半ばに突如として歴史にその名が現れるのですが,彼らが居住していたのは主に西ローマ帝国北部で,現在のドイツ西部とフランス国境に沿って流れるライン川の沿岸地域だったようです。

しかしフランク族ももとからその辺りにいたわけではなく，やはりヨーロッパ東部から移動してきた人々です。

　人間が陸地を移動するときには必ず河川を渡らなければなりません。人間が川を渡れるような浅瀬に面した土地は交通の要衝になり，そこに町ができます。そこで「フランク族が渡った浅瀬」は Frankfurt と名付けられました。furt とは「浅瀬」のことです。現在のベルリンから少し東へ行ったところ，ドイツとポーランドの国境をなすオーデル川にも「浅瀬」があって，フランク族はそこもよく渡ったようです。したがって，現在ドイツには Frankfurt が 2 か所あります。マインハッタンがそびえるドイツ経済の中心地はマイン川の「浅瀬」ですから Frankfurt am Main（フランクフルト・アム・マイン），そしてポーランドとの国境の町は Frankfurt an der Oder（フランクフルト・アン・デア・オーデル）と呼んで区別しています。

　もちろん「浅瀬」はドイツ以外にもあります。イギリスのテムズ川上流には牛（ox）が渡ったという「浅瀬」があります。ここを Oxford と呼びます。英語の ford はドイツ語の Furt にあたります。それから浅瀬ではないのですが，北欧の地形で海が山々の奥深くまで入り込んだ峡江が fjord（フィヨルド）です。英語の firth にあたります。

　「浅瀬」を表す ford や Furt は印欧祖語の「運ぶ」を意味する語根に由来します。ギリシャ語では「通り道」のことを poros（ポロス）といいますが，ギリシャ神話でゼウスの不倫相手のイオが牛（bos）の姿をして渡った海峡が

あります。これをボスポラス（Bosporus）海峡といいます。ギリシャ語版の Oxford です。トルコのイスタンブールにあるボスポラス海峡は黒海と地中海を結び，ヨーロッパとアジアの境界をなしているところです。

　「運ぶ」を意味することばの仲間はゲルマン系では f- で始まるので，英語の fare「運賃」，ドイツ語の fahren（ファーレン）「乗り物で行く」，Fahrt（ファールト）「進行」などがあります。一方でラテン系では p- で始まり，ラテン語の portus（ポルトゥス）などあります。portus は英語の port「港」になりました。

　地名として残っている ford や Furt の意味は「浅瀬」であると記しましたが，フィヨルドやボスポラス海峡は大型客船が通過するぐらい深い海であることから，さらに古くは水深に関係なく向こう側へ「渡る」とか「ものを運ぶ」という意味であったようです。意味が少し抽象的になって「思い切って渡る」から「危険を冒す，やってみる」という方向へ進むと，そこからもとはラテン語の experience「経験」，experiment「実験」，expert「専門的な」などが出てきます。

　「運ぶ」を意味する語群にはたくさんのことばが含まれていることがわかりました。昔から人々は移動を繰り返しながらたくさんのことばを持ち運んでいたのです。

27

mark
▼
〜マージー・ビートからマキアートまで〜

　英語の国イギリスは，いまから約1500年前にドイツ北部の沿岸やユトランド半島に住んでいたゲルマン人がブリテン島へ移住した時から始まります。
　その後のアングロ・サクソン人は土着のケルト系ブリトン人を島の片隅へと追いやり，6世紀後半には7つの王国を作るに至りました。王国といっても，部族グループのようなものです。そのうちの1つでイングランドの中央部を占めていたのがマーシア（Mercia）というアングル族の国でした。マーシアは7王国のうちで唯一，異民族のブリトン人の領地であるウェールズと国境を接していました。当時，ウェールズはアングロ・サクソン人に対するブリ

アングロ・サクソン7王国

ン人の最後の砦だったのです。

　ところで日本語にもなっている「マーク」。これは「しるし」という意味ですが，どうやら国境とか辺境を表すためにつけられた地面のしるしのことを mark といったようです。このことばは，英語やドイツ語，北欧諸語などに分かれる前のゲルマン祖語の時代からあり，そこからヨーロッパ中に広がったようです。地面の上だけではありません。紙の上の「辺境」つまり「余白」をマージン（margin）といいますが，これも mark と同じ語源です。

　上述の Mercia という国の名前は「しるし，国境」を表す mierce に由来します。どの国にも国境があるものですが，わざわざ「国境」と名乗っているのは，やはりマーシアが異民族のウェールズと国境を接していたからだろうと思います。

　このマーシアの北西にはマージー（Mersey）川が流れています。この川は北隣の同じアングル族の国，ノーサンブリアとの国境を作っています。Mersey という名前も Mercia と同じで，「国境の川」という意味です。リバプールはマージー川の河口に拓けた町ですが，この町から世界へ広まった音楽がマージー・ビートで，ビートルズのおかげで，「辺境」から世界へ広がりました。

　音楽が出たついでにいえば，J. S. バッハは「いくつもの楽器による協奏曲集」を作りました。この曲集はバッハがブランデンブルク辺境伯に捧げたものなので「ブランデンブルク協奏曲」と呼ばれています。いまやヨーロッパ最大

の都会になりつつあるベルリンはブランデンブルク地方にあります。しかし，このあたり一帯はもともと沼沢の多い辺境地で，フランク王国を継承した神聖ローマ帝国の東端だったのです。中国に西域があるように，神聖ローマ帝国には「東域」があって，その境界がエルベ川でした。エルベ川の東側には異民族のスラブ人が住んでいました。ブランデンブルクはエルベ川のすぐ東に位置し，スラブ人と対峙する前線でもありました。このあたりの領主を辺境伯といいますが，ドイツ語では Markgraf（マークグラーフ）といいます。ここにも mark が入っています。

　ヨーロッパにはほかにも辺境がたくさんあって，オーストリアももとはといえば南東の「東域」で，その国名 Österreich（エステライヒ）は「東の国」という意味です。また，神聖ローマ帝国の前のフランク王国の南の辺境はいまのイタリアのマルケ州（Marche）です。イタリア半島のふくらはぎにあたる部分です。

　ついでながら，いまや日本語になっているかもしれませんが，イタリア語のキャラメル・マキアートのマキアート（macchiato）は，「マークをつけられた」という意味です。エスプレッソの上にミルクを垂らすと，それが「シミ」のように見えるから，そう呼ばれます。

　話はブリテン島からドイツ，イタリアなど話が各地へ広がりましたが，ゲルマンの民が，そのファウスト的な魂に突き動かされてまだ見ぬ世界へ足を踏み入れるたびごとに，そこには mark が残されていくのです。

28
king
▼
～king の 'k' にも意味がある～

　「王」を表す king は，現在では綴りが短いため，途中で区切ることはできないことになっています。しかしこの単語の成り立ちを見てみると，じつは1か所，区切れるところがあるのです。

　king は古英語では cyning（キュニング）という形をしていました。cyning が縮まって king になったのです。英語と近い親戚関係にあるオランダ語では koning（コニング）といいますが，これなんかは古英語の cyning に似た形をいまだに残しています。

　この cyning は「種族」を表す cyn に父称の -ing をつけたものです。したがって，その語源的な意味は「一族の跡取り」とか「一族の長」といったものです。ですから king を，あくまでも無理にですが2つに区切るとすれば，k-ing となります。現在でも日本の皇室を含め，通常は長男が王位を引き継ぐことが多いようです。

　そこで話をさらに進めると，古英語の cyn「種族」はラテン語の gens（ゲンス）「種族」とともに印欧祖語の語根 *gen-「産む」へとさかのぼると考えられています。つまり，「種族」というのは「産まれを同じくする人々」のことなのです。

「産む」を表すと考えられている印欧祖語の語根 *gen- からは2系統の流れにより多数の単語が生み出されています。1つ目の系統は k- で始まるグループで，king のほかにも kin「親族」，kindred「親族，類似」，kind「親切な」が含まれます。またもう1つの系統は k- が濁った g- で始まるグループで，gentle「親切な」，gender「(社会学的・文法的な意味での)性」，general「全般的な」，generate「発生させる」，genealogy「家系図」，engine「発動機」，genesis「発生」などがあり，また e が弱まって *gen- の g が脱落した形の native「生まれ故郷の」，nation「国」，nature「天然，自然，ありのままの」，pregnant「妊娠している」などもこの仲間です。

　このなかで面白いのは，kind と gentle は両方とも意味が「親切な」で，語源も同じ印欧祖語の *gen-「産む」なのですが，英語に入ってきたルートが異なっているということです。kind はもとからの英語の語彙にある単語で，いわば英語の「大和ことば」ですが，一方 gentle はラテン語とフランス語を経由して13世紀に英語に入ってきたことばです。この時代はイギリスの上流階級がフランス人によって占められていた時代で，gentle ということばはあくまでも貴族的な性質の1つを表したものです。したがって育ちが良く，物腰柔らかそうな男性を「ジェントルマン」とはいいますが，「カインドマン」とは言わないのはそのためです。

29
lord と lady
▼
~「主人」と「婦人」に共通するもの~

　今では仮にボロ屋であっても，ある家の家主を landlord というように，lord は一般的に「主(あるじ)」を指し，また lady も一般的には「婦人」としてよく用いられます。しかし双方とも，元来は貴族階級の中の身分を表す語で，lord は「(封建)領主」，そして lady は「貴婦人」のことでした。

　これらの単語を語源的に見ると，家とか生活を営むことが，ある食べ物を通して象徴的に表現されているのがわかります。その食べ物とはパンなのです。

　lord は古英語では hlaford（フラフォード）と言いましたが，hlaf が「パン」を意味し，これに「守る人」を意味する weard がついたものがもともとの形です。weard は guard と同じ語源のことばです。したがって，lord とは語源的には「パンを守る人」という意味でした。綴りの方は，hlafweard が縮まって hlaford となり，その後に語頭の h- と真ん中の -f- の脱落を経て現代の lord になりました。だいたい14世紀から15世紀頃のことです。

　また lady も lord と同様に「パン」を表す hlaf が入り込んでいました。lady は古英語では hlæfdige（フレフディエ）で，hlaf と「捏ねる」を意味する -dig にあたる語から成り立っています。この -dig は，いまでは「パンの生

地」を意味する dough の語形で残っています。doughnut「ドーナツ」の dough です。したがって，lady はもともと「パンを捏ねる人」という意味でした。

　パンを守る人が「主人」で，パンを捏ねる人が「婦人」というわけです。「パン」を意味した hlaf は，いまでは「パンやケーキの塊」を意味する loaf として残っていますし，meat loaf「ミートローフ」としても用いられます。また，ドイツのクリスマス・シーズンに食べられるお菓子で，ニュルンベルク名物のレープクーヒェン（Lebkuchen）というジンジャー・クッキーがありますが，これの前半部の Leb- が hlaf に相当するという説もあります。

　hlafweard から lord への，そして hlæfdige から lady への変化をたどると，いかに語形が摩滅してしまったかを目の当たりにする思いがします。つまり，lord も lady もその分よく使われることばだったということでしょう。

＊　　＊　　＊

　ちなみに hlæfdige の所有格は -an をつけて hlæfdigan になるのですが，古英語で hlæfdigan dæg といえば，それはキリスト教の暦で聖母マリア様の「受胎告知の日」のことでした。現在ではこれを Annunciation Day とか Lady Day と呼んでいます。この日のことを Lady's Day と呼ばずに Lady Day と呼ぶのは，弱く発音される所有格の -an が脱落しているからです。同様に「テントウムシ」を表す ladybird を lady's bird といわないのもこのためです。

30

free
▼
〜「愛」から生まれたことば〜

　毒入り餃子事件以来,「チャイナ・フリー」ということばを耳にします。この表現, 考えてみれば難しく, また意味深い言い方です。

　私たちは free といえば「自由な」だと思い込み, それがゆえにことばの理解を不自由にさせているのです。じつは, free は幅広い意味をもつことばなのですが, それを理解するにはやはり語源を探ってみるのが便利です。

　free は印欧祖語で「愛する」という意味の *pri-/*pro- にもとづくと考えられています。free の古英語形は freo (フレオ) と綴るのですが, 同じ語形の名詞 freo は「女性」を意味しました。ドイツ語の Frau (フラウ) にあたることばです。また, 古英語の freond (フレオンド) は現代英語の friend「友」です。さらに古英語の freogan (フレオガン) は「愛する」になります。

　以上のことばの意味関係を整理すると次のようになります。「愛する」人というのは, いわば内側の守られた世界にいる人でもありますが, 昔のことですから, 守られた世界とは宮廷の内側のことで, そこにいる人を free な人といいました。これは束縛のある奴隷の身分と対になっているわけです。これに関連して, ドイツ語では「平和」を

Frieden（フリーデン）といいます。「守られた状態」という意味です。また，墓地を Friedhof（フリートホフ）というのは「柵で囲って守られた前庭」という意味です。

さらにいえば，この語根 *pri-/*pro-「愛する」は，「目の前の，そばの」を表す語根 *per- に連らなると思います。「目の前の，そばの」とは宮廷の内側のことです。*per- からは for, far, first, from などたくさんのことばが出ています。「そば」，「守る」，「愛する」，「自由」はすべて p と r の子音群から成り立っていると考えられます。

* * *

話が元に戻りますが，free というのは拘束などが欠如した，のびのびした状態を指します。したがって「チャイナ・フリー」は「中国（製品）抜き」ですし，「アルコール・フリー」はアルコール抜きの飲料，「ストレス・フリー」はストレスとは無縁の状態ということになります。

ドイツの町を歩いていると建物や駐車場の入口に "Frei halten"（フライ・ハルテン）と記されていることがあります。これは「駐車禁止」の意味で，英語に直訳すると "Hold free" になります。その前の空間を「空けて」おいて下さいということです。

「最近ぼくはフリーでね」などと言ってせっせとパーティーに顔を出す人がいますが，この場合のフリーは「恋の奴隷ではない」という意味でしょうか。

31
watch/wake/wait
▼
~胸の高鳴りを表すことばたち~

フランクフルトの街の真ん中にハウプト・ヴァッヒェ (Hauptwache) という，いまは喫茶店になっている建物があります。風変わりな名前だと思ったその瞬間，頭の中の光景は東京の四谷見附と赤坂見附へ切り替わりました。

その理由は Wache ということば。これは英語では watch にあたり，「見張り」という意味です。動詞の watch「じっと見ている」は wake と同じ語源で，「覚醒している」様子を表しました。「覚醒して」何をしているかというと，「見張り」をしているのです。haupt はドイツ語で「中央の~」ですから，Hauptwache はフランクフルトの街の真ん中の「見張り番」の詰め所だったとわかります。これを日本風にいえば「中央見附」とでもいうところでしょうか。したがって Hauptwache は，なにもフランクフルトにかぎらず他の町にもあります。ミュンヘンならば新市庁舎の隣の建物です。

watch と wake のさらなる仲間に wait があります。wait の「待つ」という意味と「目覚めている，見張る」は一見したところ関連がなさそうですが，wait が1200年頃にフランス北部から waiten として英語に入ってきたときには「(敵) を監視する」という軍事的な意味でした。

ここから一般的な「待つ」へと変化してきたようです。

では，watch, wake そして wait を印欧祖語にまでさかのぼってみましょう。すると祖語として推定されているのは *wag-/*weg- という形で，「強い，生き生きした」という意味があてられています。一方，「増える」という意味の語根 *aug-/*aueg- がありますが，これも [w] 音で始まる *wag-/*weg- と同じ表象をするものだと思います。以上の語根からは意外なくらいに様々なことばが派生しています。

しかし，*wag-/*weg- からの派生語で，ラテン語を経由して英語に入ってきたことばの多くは，[w] ではなく [v] 音で始まっています。vegetable「野菜」は「生き生きしている」を表すラテン語の vegere（ウェゲーレ）に由来しますし，同じく「生き生きしている」を表すラテン語の vigere（ウィゲーレ）からは vigor「活力，元気」が出ています。ゲルマン系の watchful に相当するラテン系のことばは vigil です。

[w] 音で始まることばを探してみると，語根 *aug-/*aueg- から wax「増える」が派生しています。これは「月が満ち欠けする」というときの wax and wane という表現で使われます。おもしろいことに「腰」を意味する waist もこの語根にもとづきます。ただし腰は月と違って wax and wane する人と，wax だけの人がいるようですが。

以上，印欧語根の *wag-/*weg-「強い，生き生きした」や *aug-/*aueg-「増える」から派生したいろいろなことば

を見てきましたが、これらに共通する根本的なイメージは何でしょうか。それは興奮気味で、活発で、そして大きく膨れていく状況です。お湯が「沸き立つ」ような状況です。精神面では「覚醒した」状態を、肉体面では「大きく育つ」様子を表しています。日本語には「ワクワク」というオノマトペアがありますが、印欧祖語の *wag-/*weg- はこれに相当するものではないでしょうか。

　印欧諸語ではないのですが、ポリネシアの言語はオノマトペアを多用すると言われます。ハワイのホノルル国際空港に降り立つと、Wiki Wiki Bus が待っていて、これに乗って空港の建物へ向かいます。この"wiki wiki"というのは現地語で「速い、速い」という意味だそうです。ハワイが好きな日本人にとっては、ハワイに到着して胸が「ワクワク」するイメージとも重なり、面白いネーミングです。また Wikipedia もここから名付けられました。

　このように、印欧諸語でも日本語でも、そしてポリネシアの言語でも、似た音によって似た様子が表現されています。おそらく［w］と［g/k］の子音の組み合わせには「何かが盛り上がる」様子を表象する力があるのでしょう。

　日本語の「いき」ということば。「息」とか「生きる」に見られる「いき」が古代音の wiki にもとづき、さらにその根本表象が［w］と［g/k］の子音の組み合わせによる「ワクワク、いきいき」感なのかどうかは、今後の探求の楽しみにとっておきたいと思います。

32

Viking
▼
〜Viking の 'vik' の意味〜

　昨今では海賊といえばソマリア沖やマラッカ海峡を想い起こしますが，やはり歴史的に有名なのは北欧のヴァイキングではないでしょうか。当時，彼らが話していたのは古ノルド語でした。

　ヴァイキングは8世紀末頃から，竜骨が長く喫水の浅い船を操ってヨーロッパ中に進出し始めます。一言でヴァイキングといっても，彼らは出身別に3つのグループに分けられています。ノルウェー人はアイルランドを経てアイスランド，グリーンランド方面，さらにはカナダ北東部まで足を伸ばしました。彼らはノースマンと呼ばれました。スウェーデン人は主としてバルト海沿岸から東ヨーロッパへ進出し，ロシアのもとになる国を建てたといわれています。Russia「ロシア」はその地を支配したヴァイキングのリーダーであったルス Russ に由来します。それからブリテン島とフランス北部を蹂躙したのはデンマークから来たヴァイキングで，彼らはデーン人と呼ばれました。いずれにしても，ヴァイキングの動きは4世紀からヨーロッパで始まったゲルマン民族大移動の最終段階ともいえます。

　英語に影響を及ぼしたのはもちろんデーン人と呼ばれたヴァイキングなのですが，イギリスの歴史書によれば

「787年にヘルダランドからやって来た北の民の3隻の船」が発端となり，その後はブリテン島に定住地域を獲得するだけでなく，短期間ながら王位を奪い取った時期もありました。

　しかしデーン人のふるさとユトランド半島北部は，アングロ・サクソン人のうちのアングル族のふるさとと隣接しています。アングル族はユトランド半島南部の，現在ではドイツ最北のシュレスビヒあたりに住んでいた人たちですから，いってみれば大阪出身者と京都出身者が約250年ぶりに東京で再会したようなものです。もしかすると両者の言語の違いは，出身地の違いよりもむしろ離れていた時間により生じたものかもしれません。今と昔では時間の流れの速さは感覚的に異なりますが，250年の隔たりといえば，現在と江戸時代中期の隔たりに相当します。

ヴァイキングの船

さて、Vikingという名称は「入り江」を表す古ノルド語のvikに父称詞の-ing「～の息子、～に属するもの」をつけてできたものだと考えられています。したがって、「入り江の民」という意味になります。ヴァイキングは入り江に上陸して攻め上がって来たために、これが一応の定説となっているです。

　ところがvikingということば（古英語ではwicing）は、彼らがブリテン島を蹂躙する前からブリテン島で使われていたことから、vikは古ノルド語の「入り江」ではなく古英語で「居住地」を表すwicではないかという考え方もあります。このwicはラテン語のウィクス（vicus）「村」と同じ語源のことばです。しかし古ノルド語のvikと古英語のwic、つまり「入り江」と「居住地」がまったく別物かどうかは不明で、もしかしたら両者は同じものなのかもしれません。

　いまやヴァイキングとなったユトランド半島出身のデーン人が、かつてのお隣さんであるアングロ・サクソン人とブリテン島で出会う以前にも両者の間でなんらかの交わりがあったのかもしれません。なぜならば、古英語の詩『ベオウルフ』はデンマークを舞台にした英雄譚で、その成立は早くて7世紀後半と予測されているからです。ヴァイキングがブリテン島を襲撃するよりも1世紀も前のことです。

　とにかく、アングロ・サクソン人とヴァイキングの間の「近さ」が、後の英語の歴史に大きな影響を与えることになります。

33

thing
▼
〜「もの」のもとの意味〜

　国会の原型になった「民会」が，北極圏に接する最果ての北国，アイスランドで生まれたと知ると不思議に思えるかもしれません。

　活発な火山活動で知られるアイスランドは，地質年齢でいえばまだ若い島です。若さの秘密は地面の下にあって，この島の地下深くでは，いまでもユーラシア大陸プレートと北米大陸プレートが生成され，上昇し，東西に分かれているようです。

　そのプレートの境界が断層となって地表に現れ出ているところがあります。小川が流れる絵のように美しい谷間に巨大な断層が壁をなしています。この壁の前で話すと声が反響して遠くまで伝わることを10世紀初めの人々は知っていました。ここが世界最古の民会発祥の地，シングヴェルリル（Þingvellir, "thing valley"）です。ヴァイキングたちはここで法律を定めたり，裁判を行ったりしました。アイスランド語で民会を þing（シング）といいます。首都レイキャヴィクにある国会はいまも Alþing（アルシング，"the whole assembly"）といいます。そしてこの þing が英語の thing にあたるのです。

　thing は「拡がる，延びる」という意味をもった印欧祖

「民会」発祥の地シングヴェルリル

語の語根 *tenk- にさかのぼると推定されています。extend「延びる」や thin「薄い」も同じ語根から派生しています。しかし，この語根に対して推定されている「拡がる，延びる」という意味は，古代人の精神にしてはあまりに抽象的すぎるような気がします。語源は往々にして具体的な表象から始まります。おそらく *tenk- には時間と空間が混じり合った古代人のものの見方が現れているのではないでしょうか。まず目の前に広がる空間としての場所があり，それから時間という意味が生じたものと思われます。

その空間というのは，たとえば声がよく響きわたる崖のそばの広い「場所」で，そこに国中から住民が集まって来て，いろいろ話し合い，ものごとを決めたのです。このような催しの「時間」のことを古英語と古ノルド語では þing（シング），古高地ドイツ語では thing（シング）と呼びました。「会議」のことです。そして，そのうちに「会議」から意味が矮小化されて，会議で取り扱う案件を指し示すようになりました。それが「もの」であり「こと」になります。

現在の英語の thing からは「会議」(assembly) という意味が抜け落ちてしまいましたが，ヴァイキングの時代から現在に至るまで，北欧では「議会」という意味が生き残っています。たとえば各国の国会は，デンマークでは Folketing（フォルケティン，"folks assembly"），ノルウェーでは Stortinget（ストルティンゲット，"great assembly"）と言います。

面白いことに「会議」のことを「時間」ではなく「日」で表現するところがあります。スウェーデンでは Riksdag（リークスターグ，"national assembly"）ですし，これと同じ言い方がドイツの旧帝国議会の Reichstag（ライヒスターク）です。dag や Tag は英語の day にあたります。

　またオランダ語の ding（ディング）には「もの」という意味のほかに「裁判」という意味が残っています。ドイツやベルギーとの国境近くにあるマーストリヒトの街には Dinghuis（ディングハイス，"thing-house"）という建物があって，現在はツーリスト・インフォメーションになっていますが，かつては裁判が行われていたところです。

　イギリスは11世紀中頃からフランス人の王侯貴族が国を治めるようになりますから，この時期に会議（後の議会）の名称はゲルマン系の thing からロマンス系の parliament や council に取って代わられました。そのようなわけで，ほとんどのゲルマン諸語では thing に相当する語に「会議」という意味が残っているのに，英語では thing はただの「もの」になってしまったのです。

　現在ではただの「もの」を表す thing ですが，もともとこのような意味をもっていました。ことばは見かけによらぬものです。

34
law
～ヴァイキングの置き土産～

　ヴァイキングは þing（シング）という「民会」で様々な規則を決めたり裁判を行ったりしました。この規則を彼らの古ノルド語で lag と言いました。これが西暦1000年頃に lagu（ラーグ）という形で古英語に入ってきたのです。

　だからといって，それまでのブリテン島は無法地帯だったのかといえば，もちろんそんなことはありません。lagu が英語に入る前には，古英語で「法」を表す dom（ドム）（現代英語の doom）や æ（エー）がありました。そして英語の歴史の中で，これら3つのことばはそれぞれ独自の道を進んでいくことになります。

　doom の語源については以前に説明しました。これは現代英語の do と同じで，もともとは「置く」という意味をもっていました。つまり「世界大工」としての原初神が，人間が生きる空間としてのこの世界を造ったのです。ということは，原初神は人間の生き方を「定め」たというように敷衍することができます。この「定め」が古英語の dom です。

　のちにアングロ・サクソン人がキリスト教に改宗してからは，doom を定めるのは原初神ではなく，キリスト教の神になります。そのため，古英語の dom はキリスト教的

な文脈でよく現れます。

　ブリテン島に侵入してきたヴァイキングはデーン人と呼ばれ，彼らの居住地域はデーンロー（Danelaw）地域と名付けられたことから察すると，やはりデーン人の法律（law）はよく知られていたようです。そのうちに彼らのことばの lag が lagu の形で古英語に入り込んできました。しばらくの間は dom と lagu は同じような意味で使われることもありましたが，趨勢としては神が定めた dom よりも，民会で作られた lagu の方を「法律」の意味として使うようになりました。

　ところで，lag ということばは元来「横たわる，横たえる」を意味していました。同じ語源から lie や lay も出ています。ということは，lagu の根本的な意味は「横たえたもの」すなわち「置いたもの」であり，dom と似ています。ただし，ここで決定的な違いは，dom は神が「置く」ものであるのに対し，lagu はあくまでも人が「横たわる，横たえる」ということです。

　法に関するもう1つのことばとして古英語には æ がありました。この語は「法」というよりはむしろ「契約」というニュアンスが強いことばだったようで，「婚姻」をも表しました。実は æ も，原初神が創った時間の永続性を具体的に表象するオークの木，ac（アーク，現代英語の oac）と同じ語源で，「永遠」を意味する印欧祖語に由来します。この語根からは，ほかにも ever や age，ドイツ語の ewig（エーヴィヒ）「永遠の」，ラテン語の aeternus

123——[law]

(エテルヌス)「永遠の」などが派生しています。aeternus は英語に入り eternal「永遠の」になりました。

　dom, lagu, æ のその後の運命なのですが，dom は13世紀頃から宗教的な意味を強めて doom「運命」として残りました。lagu は law という形で一般的に「法律」,「法則」として広く用いられ続けます。もちろん世俗的な意味です。一方で æ は1200年頃の用例を最後に消滅してしまいました。

　これら3つのことばの歩みを見てみると，法を作り，与える存在は誰かという問題に行き着きます。昔は神だったものが，のちに人間がそれに取って代わるのです。それにつれて「法」を表すことばは doom から law へと変わってきました。doom は「運命」として残りますが，いまでも doom には「神が置いたもの」という意識が人々の中にあるのかもしれません。

　「法」に関する日本語に目をやると，「掟（おきて）」はやはり「置いたもの」でしょうし，「定め」は「さ・ため」ととれば，「ためる」とか「とめる」にも「置いておく」と似たイメージが見て取れます。したがって，置物として法を逸脱する場合には，法や規則を「踏み外す」といいます。漢語なら法は網のイメージで，法網を「くぐる」といいます。

　われわれはふだん語源を意識してことばを使うことはほとんどありません。しかし無自覚ではありながらも，ことばの用い方やつなぎ方に語源意識は作用していて，語源意識がそれぞれのことばの歴史を「定め」ていくのです。

35

shirt と skirt
▼
～別々の道を歩んだ双子のことば～

　ブリテン島で再会したヴァイキング，すなわちデーン人とこの時代の島の主人であったアングロ・サクソン人は，郷里ではお隣さん同士であったということは前に触れました。かつてローマ人がこの島にやって来たときには，ローマ人は道を舗装したり公衆浴場を設けたりして，その文化の高さを見せつけたものです。ところが今回やって来たデーン人は，アングロ・サクソン人とさほど文化程度も違わなければ，ことばも同じゲルマン系でよく似ています。このようなかつてのお隣さん同士，似た者同士が再会するとどのようなことが起こるのでしょうか。

　もちろんデーン人はアングロ・サクソン人と比較的容易に同化したと思われます。ところがことばに関していえば，両者の文化レベルが同程度だとすると，デーン人がもたらした概念をあらためてことばとして受け容れる必然性も必要性もなかったであろうと思われます。しかし，もともとは同じことばであっても，じつはデーン人の古ノルド語とアングロ・サクソン人の古英語とでは発音の上で異なる部分があり，その違いのおかげでデーン人の古ノルド語が古英語に入り込んだり，その特徴的な発音が古英語に影響を与えたという例がいくつもあります。shirt と skirt がその

一例です。

　古英語の sc- で始まることばは，もともと［sk］と発音していたのですが，900年頃までには［ʃ］という発音に変わってしまいました。一方，古ノルド語の sc- は［sk］のままで変化しませんでした。shirt「シャツ」（古英語では scyrte）ということばは「切る」を意味したと考えられる印欧祖語に由来し，大きな布を短く（short）裁断したもので，人々はそれを身にまとっていたようです。古英語での発音は「シャツ」に似ていました。ところがデーン人がもたらした skyrta は shirt と同じ語源のことばなのに発音は［sk］で始まる「スカート」でした。その用途は shirt と同じだったと思われます。そこで両者は発音が違うために別のことばとして認知され，双方ともに生き残ることができたというわけです。一方が上半身に，そしてもう一方が下半身にまとわりついて生き残ったのです。

　古ノルド語の［sk］という音をもつことばをもう1つ紹介しましょう。sky です。sky の語源は印欧祖語の語根 *(s)keu- にたどり着くのですが，印欧祖語には，この sky や shirt，skirt のほかにも *sk- で始まる「切る」とか「覆う」を意味する語群がたくさんあります。

　1つの意味領域に似た音からなる語がいくつも存在するということは，その音と意味の間の必然的な結びつきを示唆しています。つまり印欧諸語の古い時代の人々にとっては，［sk］という音と「切る」とか「覆う」という意味とは切っても切れない関係があるように思えたのではないか

ということです。これは，おそらく［sk］という音は「切る」，「覆う」という意味を表すのに適した象徴性をもっていると感じられたからだと思います。「薄く切られたもの」からフィルムのように薄い「覆い」を意味するようになったのかもしれません。日本語では「切る」行為は［sk］よりはむしろ「シュッシュッ」というような［ʃ］の音で言い表します。

　skyはもともと「雲」を意味しており，われわれの頭上を「覆うもの」としての「空」を表象することばだったと考えられます。「切る」とか「覆う」という意味をもったその他のことばとして，たとえばskinはまさに「体を覆う薄い皮膜」です。また，skullはskinの下で頭部を覆う「頭蓋骨」ですし，skillは13世紀に英語に入ってきたときには「ものごとを分別する能力」を意味していましたが，これも「分ける，切る」という基本的な意味にもとづくと思われます。

　印欧祖語の語根の子音群を *sk- という音象徴であると考えると，以上のようにいろいろな単語の語源がいっきに解明されます。

36

them と 'em
▼
~古ノルド語と古英語の生き残りをかけた戦い~

　デンマークのある英語学者にいわせると，アングロ・サクソン人はデーン人がもたらした古ノルド語なしには栄える（thrive）ことも，病気（ill）になることも，死ぬ（die）こともできない，また，英語の中の古ノルド語とは，あたかも日常的な食べ物の中のパン（bread）と卵（egg）のごとくであるそうです。

　ここでは日常的なことばには必ず登場する機能語を見てみます。機能語とは名詞，動詞，形容詞などの内容をともなった語ではなく，文法機能を示すだけの冠詞，接続詞，前置詞，助動詞などのことです。

＊　　＊　　＊

　「両方の」を表す both は古ノルド語から古英語に入ったことばの1つです。古英語では別のことばを用いてきましたが，1200年頃から both が使われ始めました。

　with（古英語では wiþ）という前置詞は古英語の初期には「~に対して」という意味をもっていました。これに相当するドイツ語の wider（ヴィーダー）もやはり「~に対して」を表します。一方，古英語には「~とともに」を意味する前置詞に mid がありました。これに相当するドイツ語は mit（ミット）です。ところが，デーン人の入植し

た地域では，古ノルド語の við「〜とともに」の意味が við と同語源の wiþ に入り込んでしまいました。その結果，現代では with には「〜に対して」のほかに「〜とともに」という意味がつけ加わることになりました。そのおかげで，"The English fought with the Danes." といったとき，「イギリス人はデーン人に対して戦った」と「イギリス人はデーン人とともに戦った」の，両方の解釈ができてしまうことになるのです。

　古ノルド語の影響は古英語の代名詞にまで及びました。もともと古英語の3人称複数代名詞は hie（主格と対格「〜を」），hiera（所有格），him（与格「〜に」）でしたが，これらは単数の he（男性主格）や heo（女性主格）と形が似ているため，とりわけ外国人のデーン人には聞き分けにくかったようです。そこで古英語の heo が古ノルド語の seo（現代英語の she）に，そして複数形の代名詞は þeir（主格，現代英語の they），þeira（所有格，現代英語の their），þeim（与格，現代英語の them）に徐々に置き換えられました。13世紀ぐらいにこのようなことが起こったようです。

　英語の歌詞を見ていると "got 'em" とか "take 'em" のような言い方に出くわすことがあります。たとえば近年リバイバルしてブームになった ABBA が歌った往年の名曲 *Dancing Queen* には次のような例があります。

　　You're a teaser, you turn 'em on

Leave 'em burning and then you're gone
あなたは思わせぶり，彼らをその気にさせて，
燃えさせたままにして，そして去ってしまう

　この中に２度出てくる"'em"をthemの省略形だと思っている人がいると思います。ところがいくらABBAがヴァイキングの末裔だからといってもそうではありません。これは古英語本来の３人称複数代名詞hie（対格）とhim（与格）が混ざってhemとなった形で，古ノルド語系のthemと共存して口語などで生き残っていたものです。"'em"のもとの意味は現代英語のthemと同じですが，形の上では古英語のhemのhが弱まって省略されたものです。
　機能語の中には古英語と古ノルド語が共存したけれど，"'em"と同様，古英語系が勝ち残った例がほかにもあります。それがfromです。これの古ノルド語はfroですが，これは主として"to and fro"「行ったり来たり」という成句で耳にする程度です。

＊　　＊　　＊

　11世紀半ば以降の中英語や16世紀以降の近代英語では，フランス語やラテン語，ギリシャ語からの文化程度の高いことばが大量に流入していきますが，デーン人のもたらしたことばは，これまで見てきたように日常的なことばばかりでした。しかしそれでもその分，英語の中に深く浸透して古英語を古英語らしくなくさせ，中英語へと変換させる触媒のような働きをしたのです。

37
play
▼
～「遊び」のイメージ～

　人間は動物と違って，本能とは関係なく踊り，舞い，歌います。「演ずる」ことを英語では play といいますが，これは不思議なことばで「遊ぶ」をはじめとしてたいへん幅広い意味をもっています。その意味を大きく分類するだけでも，名詞，動詞ともに「素早い動きを伴った動作」，「娯楽のための行い」，「身振り動作」，「楽器を奏でる行為」などがその意味領域に含まれます。

　play を歴史的にさかのぼると，古英語の名詞 plega（プレーヤ）は「素早い動き，演劇，競技，遊び，戦闘」などを表し，動詞 plegian（プレイアン）は「せわしく動き回る，忙しくする，遊ぶ，競う，舞う，議論する，戦う，楽器を奏でる，拍手する，からかう」という意味をもっていました。また play と同じ語源のドイツ語 pflegen（プフレーゲン）は「世話する，配慮する」，Pflicht（プフリヒト）は「義務」という意味です。

　このように play の周囲に多くの意味があるのは，核となる中心的な意味が存在していて，そこから周辺的な意味が派生してきたからであると考えられます。

　『中世の秋』で知られるオランダの歴史学者ホイジンガははじめは言語学者でした。もう1つの有名な彼の作品

『ホモ・ルーデンス』では，言語学者としてのすぐれた才能を垣間見せてくれます。ホイジンガによれば，もともと play とその仲間のことばは儀式的なものの領域を表すことばであったそうです。そしてさらに，「競技」，「挑戦」，「危険」などの観念を一括りにして「遊び」という意味を中心に想定しています。ホイジンガ曰く，ここに掲げた単語はすべて「遊びのうえに立った」領域に属したことばなのです。

　ここで「遊びのうえに立った」領域に属することばがどうして pl- という語頭音をもつのかについて考えてみたいと思います。

　元来，遊びという行為は，生存本能にのみもとづいて存在している生物には不必要な行為のように思えます。現存する生物が適者生存の末に生存しているのだとすれば，無駄な行動習性は生存の邪魔になるはずであり，そのようなものは持ち合わせていないはずです。

　ところが人間は遊んでしまいます。遊びは動物の生存本能に直結した行為とは違って，無駄で，いわば地に足がついていない行いです。印欧祖語の語根でこの地に足がついていない不安定な状態を指すものとして *p(h)ol-「落ちる」（英語の fall），*plab-「はためく，動揺する」（英語の flap），*pleu-「流れる」（英語の flow, flee, fly, fowl, fleet, float）などがあります。これらを見ると，どうやら子音群 pl- は不安定な状態を表現する象徴性をもっているかもしれないと予想できます。そしてこのことは，日本語

の擬音副詞「ふらふら」からも類推できるのです。

　さらに同じ pl- で始まる子音群をもつ印欧語根として *plak-「平べったい」(英語の flat)，*plat-「広がる」(英語の flat)，*plek-「破る」(英語の flesh) などがあります。これらの場合は「ふらふら」という不安定な様態よりはむしろ「ぺらぺら」した薄い様態を指し示しています。もちろん「ぺらぺら」した薄いものは破れやすく，不安定でもあります。

　ちなみに日本語の「あそぶ」は「あそ」に動詞を作る「ぶ」がついたものです。「あそ」とは「うす」に通じ，「うすうす知っている」という言い方にあるように，「うすぼんやり」とした状態を表します。「うそ」もこの仲間でしょうから，つまるところ「あそぶ」とは「空虚なことを行う」ことなのでしょう。生物の本能とは直結しておらず，本来的に不必要な「遊び」を日本語では「空虚なこと」と言い表したようです。

　話をもとに戻すと，地に足がついていない行いを表す play とその仲間のことばは，不安定な状態を表す子音群 pl- をもつ一連の単語の１つではないかと考えられます。したがって，play の語源的なイメージを漢字で表現してみれば，「浮遊」という漢字表現がもっとも適しているようです。

　ホイジンガは言っています。文化は遊びから発達してきたのではなく，文化は遊びそのものであると。

[第4章]

中英語の時代
～フランス化するイングランド～

◉・駆・け・足・英・語・史・④

◉中英語の時代

ノルマン征服

　日本史における天下分け目の合戦といえば1600年の関ヶ原の合戦ですが，英国史におけるそれは1066年のヘイスティングズの戦いです。これはエドワード証聖王（1004-1066）の後継者をめぐるウェセックス伯ハロルド（1022-1066）と，フランス北部ノルマンディーでフランス化したヴァイキングの末裔ノルマンディー公ウィリアム（1027-1087）との戦いでした。ハロルドは同年1月以来，王位を継いでハロルド2世を名乗っていたのですが，王位の継承方法に難癖をつけたウィリアムがブリテン島に攻め込んできたのです。

　ときは10月14日。ドーバー海峡に面するヘイスティングズの近くで両者は相まみえます。この戦いでハロルドは，敵側から放たれた矢が目に突き刺さってあえなく戦死を遂げるのです。在位たったの9か月という，アングロ・サクソン系最後の王の死でした。これが，英語とイギリスの歴史を変えることになった「ノルマン征服」です。

　この日を境に，ブリテン島は約600年間保たれてきたゲルマン文化とのつながりが断ち切れて，その代わりにフランス支配のラテン文化と濃密な交わりを始めることになるのです。

● ・駆・け・足・英・語・史・④

英語が消える

　日本はまさに言霊 幸(さきわ)う幸せな国で，終戦直後の進駐軍の時代を除いては，外国語を話す指導者によって統治されたことはありません。また日本海が緩衝材となって，中国大陸の文化に関しても，そのすべてが押し寄せて来たのではなく，自分たちにとって必要なものだけを吸収することができました。その結果，たとえ漢字が伝わってきても，漢字を訓読みするという天才的なアイデアで，逆に漢字を自家薬籠中のものとしてしまいました。したがって，漢語が増えても訓読みがある以上は，大和ことばが減ることはありませんでした。

　ノルマン征服後のイギリスの場合はどうでしょうか。王家がフランス語を話すというのは，王家につながる社会的なネットワークが根こそぎフランス化されることを意味します。貴族をはじめ社会の上層階級はみんなフランス語を話し，英語は小地主，農民のことばに成り下がってしまいました。そのような状況下で，フランス語は政治，宗教，法律，軍事，学芸から生活に至るまでありとあらゆる分野に流入したのです。それまで使っていた古英語はほとんどが本来語で，外来語はごく僅かだったのですが，ノルマン征服を機に，外来語が急増することになりました。中英語時代の始まりです。

文法が変わる

　中英語時代になるとゲルマン的な要素が文法からも抜け

ていきました。とはいえ，これはすでに述べたようにフランス語のせいではなく，古英語時代に共存したデーン人のせいであるといえます。ゲルマン的な要素とは，語尾変化によって格や文法性などを表示するシステムのことです。

　語尾変化がなくなると，格を語順で示さざるをえなくなります。それで〈主語—述語—目的語〉のような語順が固定化されるようになりました。ドイツ語に似た文法から現代英語の文法へと大きく変わり始めました。

英語が復活し始める

　11世紀の半ば以降，ブリテン島では英語は公式の場面から姿を消していたのですが，歴史の流れとは不思議なもので，200年ぐらい経った頃から少しずつ英語が復権する状況が生まれました。のちに欠地王と呼ばれるようになったジョン（1167-1216）がフランス貴族の女性と再婚したことが発端となって，フランス王と対立してしまったのです。その結果，フランス王は，当時イングランド王家が所有していたフランス国内の領地のほとんどを剥奪してしまいました。これに加えて英仏間の百年戦争（1337-1453）が始まり，またペストが流行するという3つの歴史的な出来事が，結果的に英語の地位を再浮上させることになるのです。

　はじめの2つの要因によりイギリス人の間での嫌仏感情が高まったであろうことは比較的容易に予想できます。とくに百年戦争は，1337年以来散発的にフランスと戦火を交え続けたため，イギリスにとってフランスは宿敵になって

しまいました。

　次に、ペストの流行と英語の復権がどのように関係しているのでしょうか。じつは、この病気のために膨大な数の命が失われ、生き残った農民の価値が相対的に上昇したのです。農民はフランス語ではなく英語しか話せませんでしたから、必然的に巷では英語が優勢になってきました。

　このような社会状況を背景にして、1362年にはイギリス議会がはじめて英語で開会宣言をしました。さらに同年からは、訴訟は判決に至るまでのすべてが英語でなされることが法制化されました。ここにおいて英語はノルマン征服以来約300年ぶりに公的に復活したことになります。

イギリス人の「大和ことば」

　14世紀後半になるとイギリス人と英語の絆はこれまでになく強固なものとして感じられるようになりました。「英詩の父」と称されるジェフリー・チョーサー（$c.$ 1343-1400）が活躍したのはちょうどこの時代です。

　チョーサーに対して、16世紀の詩人エドマンド・スペンサーは興味深いことばを残しています。チョーサーこそが「汚れなき英語の泉」だというのです。しかし、その実態はというと、チョーサーは中英語時代の人で、そのことばづかいにはたくさんのフランス系外来語が含まれています。ということは、言語学的には中英語はかなり「汚れて」いたのです。しかし使用者の「語感」は違います。スペンサーにしてみれば、英語が復活した14世紀後半以前から英語

・駆・け・足・英・語・史・④

ジェフリー・チョーサー

になっていた外来語でも、綴りが短いことばはすべて昔からの英語であると感じたようです。「昔からの英語」とは日本風にいえば「大和ことば」です。日本語も元をただせば太平洋の島々や大陸のことばなどから成り立っている部分が少なからずあると思います。それでも日本人は一般的に大和朝廷が成立する前から存在し、『万葉集』などで使われていたことばを「大和ことば」であると「なんとなく」感じているのです。自国語意識と純粋な言語学的知識はかならずしも一致しているとはかぎりません。そこが面白いところです。

とにかく14世紀後半は、英語にとってこのような時代でした。社会情勢が追い風となり、また偉大な詩人が出現したことで、英語というソフトが進化し始めました。そしてこの動きは、さらなる高みへ、すなわちシェイクスピアが活躍する近代英語期への地ならしとなったのです。

38
news
▼
〜何が「新しい」のか〜

　1066年以前のブリテン島では，過去600年間そこの住民であったアングロ・サクソン人と，8世紀末以来，乱暴な手段を使って押し入ってきたかつての隣人で同じゲルマン系部族のデーン人が共存するという，少し奇妙な状態が続いていました。この共存は，両者が同じゲルマン系の部族だったことと，デーン人もアングロ・サクソン人と同様にキリスト教へと改宗したことによって可能になったといえます。キリスト教を除いては，古英語時代のアングロ・サクソン人は，自分たちの母胎であるゲルマン文化とは，まだへその緒でつながっていたといえます。

　ところがそのような状況は1066年に一変します。ノルマン征服です。ノルマンディー公のウィリアムがイングランドの王位を求めて攻め込んできたのです。やることが手荒いところがやはりヴァイキングの末裔です。ところが同じヴァイキングでも，フランス北部のノルマンディーですでにラテン化したヴァイキングでした。このことが以降のイングランドの運命を決定づけます。ウィリアム征服王のおかげで，ブリテン島とゲルマン文化をつないでいたへその緒が断ち切られたのです。ウィリアム征服王はノルマンディー公爵のままイギリス王になったため，イングランドの

新しい王家を中心とする社会の上層階級には，フランスからの文化が大量に流入してくることになりました。
　「中世のリアリズム」というものがあって，中世の文学では，それこそ今見てきたかのようにきわめて詳しく描写することがあります。これは現在の写真技術に相当する情報伝達方法だったのです。たとえば『ガウェイン卿と緑の騎士』（c.1390）では，首の切断面を解剖学の教科書のように描く斬首の場面がありますし，お城の応接間の場面では，その調度品をさながらカタログのように紹介していきます。舶来の物品名や固有名詞が氾濫する文章は，現代風に書けば次のような感じになるかもしれません。
　「その部屋へ一歩立ち入ると壁には大画面のプラズマテレビが掛けられ，その下にはセンター・ウーファーを中心に5.1チャンネル・サラウンドステレオのスピーカーが並べられていた。客人がイタリア，ポルトローナフラウ社製の柔らかな皮が張られた白いソファーに身を沈めていると，目の前のテーブル，これもフィレンツェで作られたマーブル細工が一面に張られたテーブルなのだが，そのテーブルにお茶の用意がなされていった。まずはクリストフルの銀器が並べられ，リモージュで焼かれたとおぼしきカップとお皿が配された。テーブル中央に置かれた大皿の上には色とりどりのマカロン ── これは少し小振りではあるが明らかにその色艶と香りからラデュレの逸品 ── が重ねられていた。最後に置かれたのが同じリモージュのティーポットで，その中にはバラと柑橘類の花びらが巧みにブレンドさ

れた紅茶で，オペラ・ガルニエを西へ進み，マドレーヌ広場を北へ折れたところにあるベジュマン&バートンから取り寄せた品であることが容易にわかるリーフが入っていた。……」

　　　　　　　＊　　＊　　＊

　11世紀半ばから始まる中英語の時代には，新しい品物を表すことばがフランスから大量に流れ込みました。おそらく詩を聴いている人々は，それがどのような品物かははっきりわからなくとも，自分たちが見たこともない豪華な品々に取り囲まれた様子を想像して感心していたはずです。

　このような新しい品物を当時は news と呼んでいたのです。この news という言い方そのものも，当時のフランス語の noveles をそのまま英語に訳したものでした。noveles は「新しい」を意味する形容詞を複数形にして名詞扱いにしたものです。いまの英語ならば novelty「目新しいもの」というような語感があったと思います（日本語でもノベルティー・グッズなどと記されていることがあります）。このことばが英語に入ったのは，まさに『ガウェイン卿と緑の騎士』が書かれた14世紀後半です。そしてそのうちに，news は具体的なものの他に，「新しいことについての知らせ」を意味するようになりました。

　ニュースは東西南北から集まるから north, east, west, south の頭文字をとって news という。これはまことによくできた説明がありますが，事実ではありません。このような説明法を「民間語源」といいます。

39

hotel と hostel
▼
〜ホテルとホステルはどこが違う〜

　「ラフォーレ原宿」というビルが，じつは森ビルという会社のテナントビルだと知ってなるほどと思ったことがありました。「森」は英語で forest，フランス語では forêt（フォレ）で，これに定冠詞をつけて「ラフォーレ」となります。さすが原宿。手垢にまみれた英語ではなくて，おしゃれなフランス語を採り入れていると感心したものです。もちろん歩行者天国に竹の子族が出没していた頃のことです。

　forest と forêt は似ているけれど違う。ただ s があるとないの違いなのですが，これがどうも腑に落ちなかったのです。後になって英語の歴史を学ぶうちにこの問題が解決しました（本来的にはフランス語の問題なのですが）。

　じつはこういうことなのです。まず英語の forest はフランス語から入ってきたことばです。そして，その後のフランス語では，12世紀の末に子音の前にある s が脱落したという，ただそれだけのことでした。ですからそれ以前はフランス語でも forest と綴っていました。語源を探索することで，英語の forest は12世紀の末以前にフランス語から入ってきたことがわかりました。フランス語の古い綴りを残しているからです。

この現象は，英語とフランス語を比べると他にもいろいろ見つけることができます。たとえばディズニーのミュージカルで人気のでた『美女と野獣』はフランス語の原題では *La Belle et la Bête* です。フランス語のベト（bête）が英語の beast にあたります。やはり s が落ちています。

　ここまでの観察ならば英語とフランス語の違いで話は終わるのですが，もともとは 1 つのフランス語なのに，s が脱落する前の古い形と s が脱落した後の新しい形が，それぞれ別々の時代に英語に入ってきたものがあります。その代表が hostel と hotel です。hostel は 12 世紀の末以前にフランス語から英語に入ったので s を残していますが，hotel のほうはフランス語で s が脱落して hôtel となったあと，17 世紀になってあらためて英語に入ってきたのです。したがって元来，両者の違いは語形だけで意味は同じだったのですが，歴史の中で意味の分化が起こり，両者が共存できるようになりました。つまり hostel のほうがどちらかといえば「安宿」へと格下げされたのです。このように，もとは同一のことばであるにもかかわらず，入ってくる経路と時代が異なるために共存するようになったことばを二重語（ダブレット）と呼びます。以前にヴァイキングがもたらしたことばとして話題にした skirt と shirt も二重語の典型的な例です。

　ところでこの hostel と hotel の語源を探っていくとまだまだ奥深いものが見えてきます。これらのことばは，もともとラテン語の「客人を受け容れる場所」という意味の

hospitale（ホスピターレ）がフランス語に入ったものでした。ここでお気づきのように英語の hospital「病院」も hostel や hotel と同じ語源に由来します。実際に hospital がはじめて英語に入った1300年頃には，病気を治療する施設というよりは巡礼者や旅人たちが宿泊できる施設を意味したようです。

　さらには旅人や客人というのは受け入れ側から見れば「見知らぬ人」なので，hotel, hostel, hospital の最終的な語源は「見知らぬ人」を表す印欧祖語の *ghosti- にたどり着きます。ラテン語を経由した語は語頭の g- が h- に変わっていますが，「ガ」とか「ギ」の音を長く伸ばしてしているといつの間にか「ハ」とか「ヒ」に似た音になってしまうという原理にもとづきます。「見知らぬ人」からさらに一歩進むと hostile「敵」になります。一方で，もとからゲルマン語だった語は g- を残しています。guest「客」がそうです。

　こうして見ると，1つの印欧祖語から「客」や「敵」，それから客を泊める「ホテル」に「ホステル」，さらには「病院」に至るまで，様々な意味をもったことばが派生しているのがわかります。「今日の客は明日の敵」というところでしょうか。だとすれば，うかうかベッドで寝てもいられませんが。

　なお，hostel は hospitality と hotel が合成されることによってできたという説を聞いたことがありますが，これは民間語源です。

40
catch と chase
▼
~ 2種類のフランス語 ~

　ブリテン島をゲルマン文化から断ち切り，大陸のラテン文化の影響下へ投げ込んだ張本人は，かの征服王ウィリアム一世でした。この王様，本によってはギョームと記されていることもあると思います。ウィリアム（William）とギョーム（Guilleaume）はまったく別名のように思えますが，じつは読み方を英語風（あるいはノルマンディーのフランス語風）に読むかフランス語風（パリのフランス語風）に読むかの違いです。

　ウィリアムがもたらしたフランス語はノルマン・フレンチといってフランス語の北部方言でした。このノルマン・フレンチは，パリを中心としたセントラル・フレンチとの間で発音のずれがありました。その典型的な例がウィリアムとギョームの発音の違いとなって現れています。

　子音はいつも口腔内のどこかを狭めるか，瞬間的に閉鎖することによって作られるのですが，口腔内を狭めたり，閉鎖して音を作る点（調音点）が口の前方に来たり後方に来たりしたときに，いわゆる音のずれが生じます。

　[w] 音は口腔内の後方で作られますが，さらに後方の喉の方で発音すると [g] 音になります。このような子音のずれがセントラル・フレンチの [g] 音とノルマン・フ

レンチの［w］音の違いになっているのです。さらに，それぞれが異った発音と綴りをもったまま二重語として英語に入ってきたのです。たとえば，ともに「保証」を表す warranty と guaranty や，warden「番人」と guardian「保証人」がそれです。後者の組み合わせは「番人」と「保証人」というように意味の分化が起こっています。

英語に入ってきたノルマン・フレンチとセントラル・フレンチの違いを特徴付けるもう1つの例はc-とch-の対応です。ノルマン・フレンチの硬い［k］音はセントラル・フレンチの cha- や chie- の［ʃ］音にあたります。これも口腔内の前方と後方のどちらで音を作るかの違いです。ノルマンディー地方にはマイルドな白かびチーズの産地として有名な Camenbert「カマンベール」や，ウィリアム征服王のフランス側のお城があった町 Caen「カン」のように［k］音ではじまる地名が多いのに対し，フランス中部には Chartles「シャルトル」や Chantilly「シャンティー」のように［ʃ］音ではじまる地名が多くあります。また，castle「城」は11世紀にノルマン・フレンチの castel が英語に入ったものです。一方で，現在のフランス語の château（シャトー）はセントラル・フレンチに由来するので［ʃ］音ではじまります。

次に［k］と［tʃ］の音をもったことばに目を向けると，英語の「家畜」は cattle でノルマン・フレンチの catel から入ってきましたが，chattel「動産」はもともとセントラル・フレンチの chatel によります。フランス語では13

世紀に ch- の発音が［tʃ］から［ʃ］へと変化するのですが，chattel は13世紀以前に英語に入ったため，［tʃ］の音を残しているのです。

さらに，cattle も chattel も元をたどればラテン語で「資産」を表す capitalem（カピターレム）にたどり着きます。英語の capital「資本」も capitalem に由来しますから，cattle と chattel と capital は三重語(トリプレット)であることがわかります。

それから身近な動詞でいえば，catch「捕まえる」はノルマン・フレンチの cachier（キャシェ）から採り入れられましたが，cachier はセントラル・フレンチでは chasier（シャシェ）と言いました（現代のフランス語では chasser）。chasier が別のルートで英語に入ると chase「追いかける」になります。したがって catch も chase も元来は同じ「捕まえる」という意味なのですが，cattle「家畜」と chattel「動産」と同様に少し意味の分化を経ることによって，両方ともに共存しているのです。

ノルマン征服はブリテン島にフランス文化とことばが流入する端緒となりました。しかし征服者がノルマン人であったために，パリのフランス語とノルマンディーのフランス語の両方がブリテン島にもたらされました。このことも英語が豊かな語彙と複雑な発音をもつ言語になってしまった一因といえます。

41
ox と beef
▼
~ox と beef はどう違う~

　ヨーロッパは日本やアメリカと違って時間がゆっくりと流れているように思われますが，それでも時代の変化とは恐ろしいもので，ここ10年ほどの間にパリで変わったことといえば，町中で英語を話しても通じるようになったことでしょうか。

　時代ははるかにさかのぼって11世紀の半ば。ウィリアム征服王によって開かれたノルマン王朝下のイギリスでは，フランス語を話す上層階級と英語を話す下層階級というふうに社会が二分されていました。イギリスではこのような状態が14世紀の後半まで約300年ものあいだ続いたのです。

　その間，フランス語は続々と英語の中に流れ込みます。政治，宗教，法律，軍事，学芸から生活に至るまであらゆる分野でおびただしい数のフランス語が英語に入り込みました。300年ほどのあいだに，あまりに多くのフランス語が英語の語彙に付け加わったため，当然のことながら既存の古英語系のことばと意味が重なることばもそこには含まれてしまいました。すると，意味のよく似たことば同士は互いに意味の分化を起こして共存していくのです。

　意味の分化という現象に関してもっとも有名な例が食べ物の名称で，17世紀半ばのある英文法家は，牛（ox）や

豚（pig），羊（sheep）のような古英語系の名前をもつ動物が，領主のテーブルで食肉として出されるときには，それぞれフランス語系の名前の beef, pork, mutton に変わるということを言っています。その理由は，おそらくフランス語を知っている上流階級ではお肉を食べる機会が多かったということのほかに，フランス語系のことば（外来語）のほうが古英語系のことば（本来語）よりも形式的で上品だと感じられたからだと考えられます。

　外来語と本来語というのは，日本語でいえば前者がカタカナことばや漢語，後者が大和ことばにあたります。日本人も牧場で草をはんでいる動物を「うし」と呼びますが，駅前の○○屋でいただくときには「うし丼」ではなく「ギュウ丼」と呼びます。「ぶた」と「トンカツ」も然りです。「ギュウ」も「トン」も漢字の音読み，すなわち漢語風に読んでいるわけです。なぜこのように呼び変えるのかと考えてみれば，「うし丼」とか「ぶた丼」と言えば，やはり生きている動物をリアルに想像してしまい，それを食べるのは生々しくてかわいそうに思えるからに違いありません。本来語というのは，どの民族にとってもその民族の歴史と重なり合って長いあいだ使われ続けてきたことばです。したがって，本来語には辞書的な意味を超えたいろいろなイメージが付着しています。一方で外来語は本来語に比べれば歴史が浅いために，まだ単なる記号的な性質が強いのです。記号ですから感情に訴える力が弱いといえます。

　英語に比べると，ドイツ語は専門用語を除いて圧倒的に

本来語の含有率が高いことばです。ドイツ語の本来語は古英語と同じゲルマン系のことばであり、ドイツ人とドイツ語の歴史は重なり合っています。一方、フランス人の先祖はゲルマン系のフランク族やラテン系のローマ人などさまざまでしたが、彼らが使っていたのはラテン語が崩れた共通のことばでした。そのため、多くの外来語が入り込んできた英語とは異なり、ドイツ人もフランス人も自分たちのことばでほとんど何でも表現できます。たとえば「豚インフルエンザ」をドイツ語では Schweingrippe（シュヴァイン・グリッペ）、フランス語では grippe porcine（グリップ・ポルシーヌ）といいます。なぜならば、彼らにとってはどんな豚でも Schwein であり porc であるからです。ドイツ語の Schwein は英語の swine「豚」のことですし、フランス語の porcine には英語の pork が見て取れます。

　では英語では「豚インフルエンザ」をなんというのでしょうか。先ほどあげた17世紀半ばの英文法家の解釈にしたがえば、本来語系の「豚」を用いて swine flu か pig flu のどちらかになるはずです。実際には swine flu が優勢だと思いますが、pork flu という言い方も存在しているようです。ということは中英語時代以来の本来語と外来語の語感の区別が曖昧になってきたのかもしれません。パリで英語が通じるような時代ですから、そのようなことがないとはいえません。

42

big
▼
~ big の 'b' は「ブクブク」の「ブ」~

　アメリカの第42代大統領はビル・クリントン氏でしたが，この人の正式な名前は William Jefferson Clinton です。それではどうしてビル（Bill）という愛称が出てくるのでしょうか。これは William の［w］に秘密があります。［w］音は上下の唇と口の中の奥の部分を狭めて作る音ですが，このように唇と口の奥の2か所を狭める代わりに，上下の唇だけで空気の流れを一瞬遮断すると両唇音の［b］になります。したがって Will が Bill や Billy になるのです。文字を読むより実際にやってみるほうがはるかに簡単です。

　わざわざクリントン氏にご登場願ったのは，このようにして［w］音と［b］音が交替可能であることがわかると，以前に取り上げた「ワクワク」に相当する印欧祖語の語根 *wag-/*weg- にも b で始まる語根が対応しているのではないかと予想できるからです。「ワクワク」も「ブクブク」も根本的には同種の表象力をもっているのではないかということです。

　それで調べてみたところ，やはりありました。印欧祖語の語根で *bhle-「吹く，膨らむ」や *bhel-「吹く，膨らむ」，さらには *bheug-「曲げる」がそれです。元来，印欧祖語というのは，いまから150年ほど前にドイツのアウ

グスト・シュライヒャーという言語学者が古代インドのことばをイメージしながら再建したものですから，古代インドのことばによくある bh- とか gh- のような気息音［h］をともなった語形が多いのですが，ここに見る「吹く，膨らむ」の意味をもった語根には気息音［h］があった方がよりリアルな感じがします。

具体例としては，*bheug-「曲げる」からは bow「弓」や動詞の bow「曲げる，お辞儀する」，それから古英語の byge（ビイェ）「湾曲」や byht（ビヒト）「角度，角」が派生しています。また *bhel-「吹く，膨らむ」からは bowl「どんぶり」，bulk「かさばったもの」，ball「ボール」，balloon「風船」，bold「ふてぶてしい」が，そして *bhle-「吹く，膨らむ」からは blow「吹く」や blast「突風」，そしてラテン語の flare（フラーレ）「吹く」経由で inflate「膨張する」などが派生しています。活字の「ボールド体」はまさに「太く膨れた」形をしています。以上のことばはすべて「ブクブク膨れた」り，あるいは「ブーッ」と拭いて「膨らませたり」するさまを表現しています。

じつは big「大きい」という形容詞はおおかたの語源辞典では「語源不詳」と記されています。このようなごく身近なことばでもその語源がわからないということがしばしばあります。big についてわかっていることは，1300年頃にはじめて，ヴァイキングが住みついたかつてのデーンロー地域での使用が記録に残っていることから，おそらくデ

ーン人のことばであっただろうということだけです。

　ここではこの語源不詳語 big を先に掲げた一連の「吹く」とか「膨らむ」というイメージをもとにした音象徴語であると予想したいと思います。その理由として，「大きい」を意味する他のことばと比べると，どこかしら「膨れた」というニュアンスが垣間見られるからです。たとえば a large lady ならば「大柄な女性」ですし，a great lady ならば少し主観が入り込んで「偉大な女性」という意味に解されます。ところが a big lady といったときには単なる「大柄な女性」のみならず，「出産間近のお腹の大きな女性」という意味にもなりえるのです。*Oxford English Dictionary* には，big の意味としてわざわざ「出産を控えて大きな」という説明をもうけています。big には実際にそのような用例があるということは，[b] と [g] の子音の組み合わせにより「ブクブク」膨れたイメージが喚起されるからかもしれません。

　big の語源についての上の仮説が正しいとすれば，これまでいろいろな学者が考えた末に「語源不詳」としていたその語源が1つ解明されたことになります。

43

spade
▼
〜おめでたいトランプのマーク〜

　プーシキン作の『スペードの女王』をヴァレリー・ゲルギエフが率いるマリインスキー・オペラで観たことがあるのですが,なんともロシアらしいというか暗澹(あんたん)たる物語です。秘密の必勝カードを知ってしまったばかりに恋人を失い,最後には自らの命をも絶つという博打(ばくち)の恐ろしさとロシアの凍えそうな冬。背景にはチャイコフスキーの美しくも悲しいメロディーが響き渡ります。

　しかしこのオペラとは反対にトランプのスペード（spade）には語源的にはたいへんおめでたい意味が隠されています。スペードは剣のしるしなのですが,それは土を耕す鋤(すき)でもあります。鋤はシャベルのように平べったい形をした農耕具です。この平べったい形に意味があるのです。

　ここからは話の舞台がサンクト・ペテルスブルクから同じロシアでもバルト海の飛び地へと移ります。その土地は,かつてプロシアに属していたところでケーニヒスベルクと呼ばれていましたが,いまはカリーニングラードといいます。この「ケーニヒスベルクの老人」ことエマニュエル・カント（1724-1804）はその昔,認識論上のたいへん重大な結論へたどり着きました。それは人間の知力は「物その

もの」を直接に認識することはできず，そのかわり精神の中に組み込まれた時間と空間の2本の物差しをあてがうことによって，時間と空間という2つの形式にしたがってものごとを認識する，ということでした。

　さて，spade とカントの認識論がどうつながるのかというと，spade の仲間には，カントが言ったわれわれの認識システムを裏付けるようなことばが含まれているように思われるのです。従来の語源辞書では spade は印欧語根 *spe-「平べったい木のへら」に由来し，一方で「空間」を表す space と「速さ」を表す speed は同形で意味の違う語根 *spe-「栄える」に由来すると説明しています。しかし，両者の間に「広がる」という意味を仮定してみれば，あとはカントのいう2本の物差しの助けを借りてうまく説明ができるようになります。つまり空間的に広がったものを space とか spade といい，時間的に広がったものを speed というのです。面白いことにドイツ語では spät（シュペート）は「遅い」を意味します。

　このような空間的な space や spade と時間的な speed の関係は，「まもなく」と「短く」の両方を表す shortly にも見ることができます。また large は「大きい」ですが，イタリア語から音楽用語として入った largo（ラルゴ）は「ゆっくり」を意味します。

　先ほど紹介した語根の *spe-「栄える」から派生したロマンス諸語に目を向けましょう。まずラテン語の spes（スペス）「希望」があります。これに前置詞をつけて pro spe（プロ・スペ）にすると意味は"for/according to expectation"，つまり「期待通りに，幸運な，繁栄した」となります。この言い方がフランス語経由で英語に入ってきたのが prosperous「繁栄した」です。また，反対にラテン語の欠損を意味する前綴りの de- をつけたものが desperare（デスペラーレ）「絶望する」で，これが英語に入ると despair「絶望する」や desparate「絶望した」になります。

以上のように語根 *spe- に「広がる」とか「末広がり」というイメージをあてはめれば，従来の語源辞書では別々の語根と見なされてきた「栄える」の *spe- と「平べったい木のへら」の *spe- は同一物であると解釈できます。これに似た日本語として，たとえば視界が突然広がるときに用いる「パッと」という音象徴語があげられます。日本語で「パッ」と広がると言うところを，印欧語族の人々は「スパッと」あるいは「スペッと」広がると言ったと考えれば，この語源感覚がリアルにわかります。

このようにカントの認識論がそっくりそのまま語源の中に見いだされるということは，人間の認識の瞬間こそ言語が発生する瞬間にほかならないことを示しているようで，想像は果てしなく広がっていきます。昨今の認知科学はまだまだカントを超えていないように思えます。

[第5章]

近代英語の時代
～ルネサンスと宗教改革～

◉・駆・け・足・英・語・史・⑤

◉近代英語の時代

標準語の成立

　英語の歴史では，だいたい1500年頃からの英語を近代英語として区分しています。1500年頃といえば日本では室町時代の後期にあたり，応仁の乱が終わった頃です。それぐらいはるか昔のことなのですが，その頃の英語と現在の英語が同じ区分に入れられています。なぜならば，だいたいこの頃から標準英語というものが出現し，それが徐々に固定されて現在に至るからです。そしてその立役者になったのはシェイクスピアと欽定英訳聖書（1611）のほか，さらに時代を下ってはジョンソン博士が作った辞書などがあげられます。

　イギリスの標準語，つまり標準英語がどこから生じてきたのかについてはいろいろ議論がなされてきました。ロンドンという地域で用いられていた英語から標準語が発生したという考え方がある一方で，オックスフォードの英語が母体になっているとか，あるいは「英詩の父」とも呼ばれるチョーサーの中英語がもとになっているというような個人の著作の影響を重視する考え方もあります。

　とにかく標準語というものは多くの人々によって使われなければ標準語にはなりえないものです。そしてそれを可能にする新しい技術が出現しました。印刷術です。印刷機

●・駆・け・足・英・語・史・⑤

は均一な言語を大量に広めることができます。これにより統一された綴り字をもった英語が認知されていきました。

　もう1つ、中英語と近代英語を分け隔てる発音上の大きな変化がありました。それは大母音推移と呼ばれるものです。母音が作られる場所は口の開き方や舌の位置などを組み合わせて口腔内で一定の間隔をおいて発音されます。しかし、何かのきっかけによりアクセントが置かれた長母音の [iː] と [uː] が二重母音化し [ai] と [au] になりました。次に、空席となった [iː] の位置を埋めるために [eː] が、[uː] の位置を埋めるために [oː] が繰り上がりました。15世紀頃、図に示したように、すべての母音が同じ方向に向かって動き出したのです。その結果、life [liːf] が [laif] に、house [huːs] が [haus] に、sea [seː] が [siː] に、moon [moːn] が [muːn] に、それぞれ母音の発音が変化したのです。

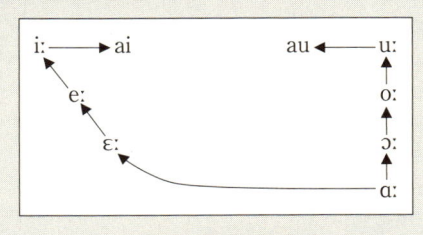

大母音推移

近代英語を成立させた歴史的背景

　印刷術という技術的な問題と大母音推移という音声学的な問題のほかに目を向けると、近代英語が成立する背景に

●・駆・け・足・英・語・史・⑤

は2つの大きな時代思潮が存在します。それはルネサンスと宗教改革です。ルネサンスが本国イタリアからイギリスへと伝播するのに200年近くかかったため，イギリスにはルネサンスと宗教改革の波が時期的に重なって押し寄せてきました。

　ルネサンスと英語の関係を考えるときには，人文主義というルネサンスの申し子を抜きにして考えることはできません。人文主義は，中世の神学のように，神を研究することによって救済に至る道を考えたのとは違い，ギリシャ・ローマの古典の研究こそが，人間を完成へと導くと信じるものでした。

　人文主義が英語に与えた影響がもっとも顕著に認められるのは語彙の面です。なぜならば，トマス・エリオット卿 (*c*. 1496-1549) などの人文主義者は，古典文学に接することによって英語の語彙の貧困さを痛感し，そのためギリシャ語やラテン語から大量に借用語を取り入れ，英語に表現力を与えようとしたからです。

トマス・エリオット

●・駆・け・足・英・語・史・⑤

　宗教改革はドイツのマルティン・ルター（1483-1546）を中心として始まった教会内の改革運動で，その柱になっているのは，神父や学者ではない普通の人々でも聖書を読めるように，聖書をそれぞれの母語に訳すことでした。イギリスのウィリアム・ティンダル（c.1494-1536）は「博学の司祭よりも，畑で鋤をひいている少年の方が聖書についてもっとよく知っているように」という考えから聖書の英訳を行いました。それまでは，英語のような野卑で粗末な言語は聖書の内容を表現することなどできるわけがないと教えられ，また信じられてきたのですが，実際にやってみるとできたのです。こうして聖書が英語へ翻訳されたことにより，聖なることばとしてのラテン語の地位が失われ，それと同時に自国語としての英語への意識が芽生えました。

辞書の出現

　人文主義がもたらした大量の外来語のおかげで，英語の表現力は飛躍的に増加しました。さらに宗教改革の動きの中で聖書が英語に訳されると，英語への信頼感が高まりました。そして気づいてみれば，いつのまにやら英語はなんでも自由に表現できる言語となっていたのです。そんな時代に現れたのがウィリアム・シェイクスピア（1564-1616）でした。品詞を自由に変換しながら書き進むシェイクスピアのスタイルは，英語の歴史の中ではいわば柔軟体操の時代かもしれません。書き手の気持ち通りに様々な内容を思い通りの柔軟なスタイルで表現することが，英語でできる

● ・駆・け・足・英・語・史・⑤

ウィリアム・シェイクスピア　　サミュエル・ジョンソン博士

ようになったのです。

　しかしシェイクスピアの次の時代には，あまりに自由奔放な英語を規制しようとする動きも出てきます。このとき大きな役割を果たしたのがジョンソン博士（1709-1784）です。博士が作った『英語辞典』（1755）は標準的な英語の辞典として多いに受け容れられ，それまで不安定だった綴り字の固定にも寄与しました。

英文法の成立

　最初の英文法書を書いたウィリアム・バロカー（c. 1530-c. 1590）以来，いろいろな文法家が英語に規範を与えるように「英文法」を考案しました。とくに18世紀半ばから始まる産業革命によって，正しい英語を書ければ出世の道が開ける時代が到来しました。そして諸々の文法家を経て，リンドレー・マレー（1745-1826）にいたっていわ

●・駆・け・足・英・語・史・⑤

ゆる伝統文法が統一されたのです。マレーの『英文典』(1795) の簡略版は旧幕時代に日本版も出版されました。

＊　＊　＊

　現代では，英語は全世界の共通語になっています。政治，通商，文化などの分野にとどまらず，英語はサイバー世界を駆け巡り，ごく日常的なつぶやきのことばの中にも入り込んできています。また，たとえば2011年の東日本大震災以前から tsunami が英語の中に採り入れられていたように，ときには他言語のことばも吸収しながら，英語はいまも増殖拡大しているのです。

　約1500年前には北ドイツの一言語だった英語が世界の共通語に成長しているということは，英語がゲルマン人の手から離れ，多くの地球人が使える記号に変わりつつあることを意味しています。全世界的な共通語は地球上にはいまだかつて存在したことがありません。英米人でなくても英語の未来の姿が楽しみです。

44
Renaissance
▼
~地中海文化の再燃~

　西洋史が教えるところによると，ヨーロッパの中世と近代を分ける出来事はルネサンス（Renaissance）ということになっています。ルネサンスは境目ですから，中世と近代のどちらに属するのかについては議論が分かれるようです。そのルネサンスは日本では「文芸復興」と訳されることが多いのですが，どんな文芸を復興させたのでしょうか。

　その前にヨーロッパの歴史をきわめてざっくり振り返ると，まず古代があります。古代ギリシャと古代ローマの時代です。地理的にいえば両者ともに地中海沿岸で繁栄した高度な文化でした。現在まで残っている美術や文学から察するところ，何かにつけ人間がいきいきと描かれる人間中心の時代精神があったようです。人間中心といってもギリシャ神話やローマ神話があるではないかといわれそうですが，双方の神話においても神々はお酒は飲むわ浮気はするわで，まるで人間と同じように生きています。

　さて，そんな古代は476年の西ローマ帝国の滅亡により幕を閉じます。つづく中世では，地中海沿岸からアルプスの北側の地域一帯へと舞台が移ります。西ローマ帝国の広大な版図をほとんど継承したゲルマン系のフランク王国とそれにつづく神聖ローマ帝国などの時代には，ヨーロッパ

中に修道院と教会が建てられて、キリスト教文化が形成されていきます。その精神の傾向は、神学論争に代表されるような神へ至る抽象思考の展開であるといえます。その意味で中世ヨーロッパは神中心の時代であり、人間中心の古代と鮮やかな対照をなします。中世絵画といえばほぼすべてが宗教画であることからも、中世の時代精神が伺えます。

このような時代がだいたい1000年ほど続いた頃、新しい価値観への転換が起きました。それは中世以前に存在していたというあの目映いばかりの古代文化に目を向けて、それを再評価しようという動きでした。つまり神中心の時代精神から再び人間中心の時代精神へとパラダイム・チェンジを起こし始めたのです。これがルネサンスです。

Renaissance ということばは「再び生まれる」を意味するフランス語の renaître（ルネイトル）に由来します。フランス語はさらにさかのぼればラテン語にたどり着きますので、renaître はラテン語では renasci（レナースキ）になります。英語と同じく re- は「再び」を表し、nasci の部分が「生まれる」を意味しています。そしてこのことばは英語の nature や nation、native をはじめ、kind や gentle などとも同じ語源のことばです。

kind や gentle は印欧祖語の *gen-「産む」にさかのぼることは前にも記しましたが、nation や native、そしてラテン語の nasci も *gen- に由来するというのは一見したところわかりづらいかもしれません。これはつまり、*gen- はときには *gn- という形をとることがあり、そ

して、この *gn- の g が欠落して n- から始まったのが nature であり nation であり、そしてまた native なのです。ラテン語の nativus（ナーティーウス）という形容詞はフランス語では naïve（ナイーヴ）という形にもなり、これも英語に入ってきました。したがって、以上の語はすべて原義として「産む」という意味をもっているため nature は「生まれたままの姿」つまり「天然」、nation は「生まれ故郷」、より具体的には「中世大学の同郷連合」となり、native は「生まれ故郷の」、naïve（または naive）は「生まれたての赤ん坊のような」つまり「純真な」という意味になります。

＊　　＊　　＊

　ワイマール公国に仕えていたゲーテが無期限の休暇を願い出て、ブレンナー峠を越えイタリアを旅行したように、アルプスの北側に住む人々は明るい南側を憧れます。細かい議論を抜きにしていえば、ルネサンスとはそのようなヨーロッパ人がもつ地中海地方への憧憬の念によって生み出された文化潮流であったといえます。

45
science と occult
▼
〜見えるものと隠されたもの〜

　科学は近代初頭に生まれました。しかしゼロからひょっこりと現れ出てきたものではありません。近代科学が出現する下地になったのは，中世が用意した2つの要因です。

　まず1つ目は，宇宙や世界に対する大前提です。それは，「この世は神様の創造物だが，その神様はきっと完全な設計図をもとに創造されたはずである。だとすれば，自然観察は神様の意図の理解につながる」というものです。これはきわめて宗教的な動機であって，事実ニュートンもガリレオもたいへん信仰心の篤い人々であったのです。

　もう1つの要因は，物事を分析的に考え抜くという思考法です。中世の西欧では，教会の中で古代ギリシャのアリストテレスの分析的な思弁を用いた神学が発達していました。これがスコラ哲学です。

　以上のような知的背景が準備されていたところに東ローマ帝国が崩壊してしまいます。1453年の大事件です。西欧ではスコラ哲学を生み出すような知的作業が延々となされ，古代ギリシャの自然科学は忘れ去られていました。ユークリッドやアルキメデスの写本は長いあいだアラブ世界で保存されていたのです。ところが東ローマ帝国の崩壊とともに，東方の科学者が古代ギリシャの写本を携えて西欧へ逃

れてきました。ケプラーもこうしてもたらされた文献を読んで天動説に代わる地動説を生み出したようです。

近代科学は古代ギリシャ人が用意した数学を用いて神様が描かれた宇宙の設計図を解読しようとします。その方法はまず仮説を立ててから、自然をできるだけバラバラに分析し、それを観察することによって証明していきます。

近代科学の特徴は science と analysis ということばに凝縮されています。science はラテン語の scire（スキーレ）「知る」にもとづきますが、scire は元来「切る」という意味でした。「ハサミ」の scissors も同じ語源です。日本語でも「分ける」から「わかる」に連なるように、物事を知るためにはその対象を切り分けることが必要です。

ギリシャ語の analysis は強意の接頭辞 ana- と -lys-「緩める」から成り立っています。-lys- は英語の loose「緩める」にも通じます。つまりネジを「緩めて」バラバラにするという意味です。それが「分析」です。

ただしバラバラにして観察するだけでは近代科学とはいえません。大事なことは、ひとたび誰かがある証明をしたとすると、それを第三者が追試験して検証することができるということです。このプロセスをたどれる学問を科学あるいは近代科学と呼ぶようになりました。

近代科学は大学にも組み込まれ、現代に至るまで進歩し続けてきました。その一方で大学という制度から遠ざけられた科学もありました。その種の「科学」は、実験をする人の勘と経験だけに頼られて方法論がオープンにされてお

らず，第三者による検証が不可能なものでした。古来ヨーロッパのみならず，イスラム世界や中国でも黄金水や賢者の石をどうにかして作ろうと多くの人々が試してきました。いろいろな薬品がブクブクと泡立つ実験室で長いひげを生やした錬金術師が秘密めいた実験をしているあの光景です。これはいわば秘儀としての作業であったために，第三者から見ても「隠されたもの」としてしか見えなかったのです。この「隠されたもの」ということばが occult です。occult はラテン語で「覆い隠す」という意味の occulere（オックレーレ）に由来します。

　こうして，そのプロセスが第三者にも見えるものが chemistry「化学」，第三者には見えずに「隠されたもの」が alchemy「錬金術」と区別されるようになりました。alchemy の al- は alcohol の al- と同様にアラビア語の定冠詞が残ったものですから，イスラム世界伝来の知識だったと思われます。同じように星辰（せいしん）を観察する学問も，科学としての astronomy とオカルトとしての astrology に分けられました。前者が「天文学」，後者が「占星術」です。

　よく中世は「暗黒の時代」と呼ばれます。しかし近代科学の土台となっている，物事を徹底的に分析するという知性の働かせ方は，中世の間に教会で鍛え上げられたアリストテレスの思考法です。そういう意味では，中世は西洋の近代文明を準備する時代であったともいえます。またルネサンスは，古代の知識を中世の知性に化合させる触媒のような役割を果たしたのです。

46
logos
▼
~ワインの中に真実あり~

　プラトンとアリストテレスという哲学史上の2大スターは、彼らの時代から2500年近く経った現在でもわれわれに大いなる知的刺激を与えてくれます。アリストテレスの思考法は分析（analysis）という方法論が土台になり、それを神学にまで採り入れたのがスコラ哲学でした。これに対し、プラトンは類推（analogy）を用いて世界を語りました。類推はあるモデルを出発点にして、そこからそれに類似したモデルへと発展的に拡げて推測していくことです。

　プラトンといえばイデアですが、たとえば人間のイデアというものはいったいどういうものかといえば、田中さんとか鈴木さんとか個別の人間をこの世に生み出すその根拠となる普遍的な人間像のことです。

　幾何学で相似形という概念を勉強したことがあります。たとえば、ある三角形の各辺を2倍の長さにすれば、影絵のように同じ形ではあるけれど面積は4倍の三角形ができます。これら2つの三角形は相似であるといいます。先ほどの人間のイデアに話を戻すと、田中さんとか鈴木さんは小さい方の三角形、人間のイデアは大きい方の三角形ともいえます。頭の中で類推によって相似形が生まれます。

　「類推」を表す analogy ということばはギリシャ語の

analogia にもとづきます。ana- は analysis の ana- と同じで強意を表す接頭辞です。そして logia は哲学でよく耳にする logos「ロゴス」のことです。したがって「ロゴス」を強めたものが analogy「類推」ということになります。

　では「ロゴス」とは何でしょうか。辞書を見るとギリシャ語の「ロゴス」は「論理，ことば，理性，尺度，比例」などと，いくつものことばで言い換えられています。しかし訳語がたくさんあればあるほど，ますます「ロゴス」の正体がわからなくなってきます。ここで logos の語源を印欧祖語までさかのぼってみると *leg- という語根にたどり着きます。この語根もまた「集める，選ぶ，観察する，読む」などというういくつかの意味をもっています。そしてこの語根からはギリシャ語の logos のほかにも，英語の collect「集める」，intellect「知」，intelligence「知能」，lecture「講義」，ドイツ語の lesen（レーゼン）「読む」などたくさんのことばが派生しています。

　さらにこのドイツ語 lesen がもとになっていることばに，ワインの等級を表す名称があります。Spätlese（シュペート・レーゼ）は「遅摘みワイン」のことですし，Auslese（アウス・レーゼ）は「遅摘みでかつ精選したブドウの房から作られたワイン」のことです。

　「読む」と「摘む」には何の関連もなさそうに思えます。しかし，ここに logos あるいは *leg- の本質的な意味が隠されているのです。つまり収穫作業では，ブドウの房をさながら字を「読む」ように目を凝らして「観察」しながら

「選び」、そして取り「集め」なければなりません。

　印欧祖語の *leg- はこのような動作を一言で表現しているのです。そしてここから生まれた logos ですが、哲学者のハイデガーに倣って説明してみると、「論理、ことば、理性、尺度、比例」に共通する概念として「世界あるいは自然を取り集め、秩序にしたがって分類、整理すること」といえます。これは人間の認識能力をいっているわけですが、もっと簡単にいえば人間が五官を通して「世界のカタログ」を作ることなのです。catalogue ということばにも logos が含まれています。人間はほかの動物に比べて「世界のカタログ」を作る能力が秀でているので、人間は「知能的」（intelligent）であるといえます。人間は「ことば」を使って物に名前をつけ、それを知識として頭の中で「分類」「整理」していきます。そうして世界を理解していきます。

　analysis も analogy も、そして logos ということばそのものも、すべて16世紀の半ばから後半にかけて英語に入ってきたギリシャ語です。この時代はまさにイギリスのルネサンスで、古代ギリシャ・ラテンの知識が再評価されて、それが英語に輸入されたことがわかります。

　しかし、やはり哲学的な専門用語は難しい。そんなときは語源にまでさかのぼると、見えないものが見えてくる気がします。

47

psyche と spirit
▼
～神様の息の音～

　いまと違って昔は録音機器などありません。音を記録に残すときには文字でその音を写し取りました。しかしもっと昔になると文字もありません。それではそんな昔の音へはどうしたら近づけるのでしょうか。今回は語源を手がかりに不遜をも顧みず神様の口元へ近づき、その息の音に耳をそばだててみましょう。

　考えてみれば、そもそも神様が息をしておられるのかどうかは大問題なのですが、ともかく神様が息を吐かれたことは旧約聖書の「創世記」にしっかりと記述されています。それによれば、神様は生きとし生けるものが存在する空間をまず創造されたのちに、人間をお創りになります。「創世記」2章7節には、「神である主は土地の塵で人を形作り、その鼻に命の息を吹き込まれた。そこで人は生き物となった」と語られています。

　ここで大事なことは、神様は人間と動物を違う方法で創造されたという点です。神様は人間に先んじて動物をお創りになりました。そのとき、たとえば「鳥よ飛べ」とおっしゃれば、鳥はばたばたと羽ばたいて大空に向けて飛んでいきましたし、また「魚よ泳げ」、「獣よ走れ」とおっしゃれば、魚は水の中、獣は草原で元気よく動き始めるのです。

ところが人間の場合はそうではありません。「人間よあれ」とはおっしゃらずに，まず神様の足元にある土塊を手にとって人の形を作り，その鼻に命の息を吹き込まれたといいます。こうして生まれたのがアダムでした。

神様はアダムに言われます。「私が先に創っておいたその他諸々の生き物にあなたが名前をつけなさい」と。命名するということは，アダムはことばを使えるということを意味します。では，なぜアダムはことばを使えるのかといえば，それは地球上の万物の中で人間アダムだけが神の聖なる息を吹き込まれて創られたからです。

現代の最先端の科学でも考えられているように，言語能力は高度な精神が顕在化したものです。そしてその精神は神様の息を吹き込まれたから存在するというのが中世ヨーロッパで長く信じられてきたことです。

ギリシャ語に psukhe（プシケー）「息，生命」ということばがあります。ここからラテン語の psyche（プシーケー）「精神」が生まれ，さらに英語の psyche「精神」とか psychology「心理学」などが生まれてきました。

これらのことばは印欧祖語の語根 *bhes-「呼吸する」にもとづきますが，これは明らかにオノマトペアです。ただ，印欧語根は古代インドのサンスクリット語をモデルにしているため，サンスクリット語に多い呼気をともなった bh があてられているだけで，実際には息の音はこのかぎりではないと考えてよさそうです。どちらかといえば，ギリシャ語やラテン語のような psu-/psy- のほうがリアルな気も

します。もちろん神様はギリシャ語やラテン語をお話になったわけではありません。それでも「息」と「精神」が同じ語源にもとづいているということは、やはり精神とは「吹き込まれたもの」であり、その音は「プシュー」というオノマトペアで表現されたと思われます。psychologyのように、現代英語では語頭の p- を発音しないため、息が吹き出る音の感覚が伝わりにくいのですが、たとえばドイツ語では Psychologie「心理学」を「プシヒョロギー」と発音しています。

　ところで、「息」とか「精神」を表す別系統のことばがあります。英語の spirit です。このことばはラテン語の spirare（スピラーレ）「息をする」から来ています。ある語源辞書には「語源不詳」と記されている spirit ですが、これも「スプッ」という息が吹き出る音を模したものだと思います。こちらの系統には inspire「吹き込む、霊感を与える、鼓舞する」があります。「中へ」を意味する in をつけることにより、神が人に聖なる息を吹き込むことを表わしています。

　文字は神様のことばを残すために作られました。Psychology や spirit の語源に目をやると、神様のことばならぬ、神様の息づかいが聞こえてくるようです。

48

environment
▼
~「環境」は「風」からできている~

　語源を突き詰めていくと，最終的にはオノマトペアにたどり着くことが多いということをはじめて教わったとき，その例は英語の wind「風」でした。

　オノマトペアは自然音を人間の言語音によって模倣する表現法です。ここで大事なのは，自然音を耳にした人間が母語の言語音を用いて再生しているということです。ゲルマン諸語では「風」は英語と同じ wind または vind と綴ります。またラテン語では ventus（ウェントゥス）といいます。いずれも「吹く」を表わす印欧祖語の *we-/*hwe- にもとづくようです。ここで気付くのは，*we- とか *hwe- は風が吹くさまを日本人が「ビュー」とか「ヒュー」と表現するのとほとんど同じだということです。

　日本語では「風が吹いている」というときに，「風がビュービュー吹いている」というように「ビュービュー」という擬音副詞を言い添えてその風の吹き方をリアルに表現します。ですから日本人にとっては「ビュービュー」はオノマトペアであると意識しやすいことばです。一方で英語の wind は，「ビュー」とか「ヒュー」に相当するオノマトペアにもとづくとはいっても，wind という語形になっているために語源的な感覚はおそらく自覚されません。ま

た，なぜwindが中英語から近代英語に移る段階で起きた大母音推移の影響を受けて［waind］にならず［wind］のまま残ったのかと考えてみると，母音のiを［ai］と発音せずに［i］のまま発音した方が「ウィ」という風らしい音になると感じられたからかもしれません。

「風」は卑近で具体的なことばです。そのようなことばがオノマトペアのような直感的な語根創成法によって作られているというのは比較的わかりやすいと思います。そこで次にたいへん今日的なことばに目を向けてみましょう。

レイチェル・カーソンという生物学者が『沈黙の春』などの作品で人間による自然環境の破壊を訴えはじめたのはいまから約50年前ですが，昨今は「環境」ということばを聞かない日はありません。

英語ではenvironment「環境」がはじめて用いられたのは1600年頃ですが，当時はたんに「取り囲むこと」という意味でした。そして1800年代になってはじめて現在われわれが言うところの「環境」とほぼ同じ意味の使い方が出現します。ちょうどこの頃は産業革命の時代にあたります。

environmentはもともとフランス語で，動詞形のenviron「取り囲む」は名詞形よりも早く1400年頃にフランス語から英語に入ってきています。environは英語のinに相当するen-と「周回」を意味するvironから成り立っているのですが，vironの関連語としてフランス語のvirer（ヴィレ）や英語のveerがあります。いずれも「（風が）くるっと向きを変える」という意味ですが，これ以上の語

源は不詳とされています。

　しかし wind の語源から類推すれば，environ の viron も風が「ヴュー」と吹くさまを表しているのではないでしょうか。突然別の方向から吹いてくる疾風を veer と言ったのだと思います。英語の veer には同形ながら違う意味の単語があります。それは「（船の綱などを）緩める」とか「ブイを漂わせる」という船舶・海事用語です。この veer もその意味と「風」との関連を考慮すれば，その語源はやはり風が「ヴュー」と吹くさまであると思われます。

　疾風が吹いてきて，足元の枯れ葉が小さな台風のように渦を巻く冬の日の光景がありますが，environ のもともとの意味はこのような風の吹き方を言ったのでしょう。そこから取り囲むものが枯れ葉から次第に地球規模へと大きくなっていくと，現在の「環境」の意味になります。「環境」を表す environment の中心にある -viron- は，突然に空気が動き，風が「ビュー」と吹く音です。

　環境問題が生じる前から，日本人にとって「空気」は社会生活を営む上でたいへん重要な問題であったようです。「日本学」を作った山本七平さんの著書に『「空気」の研究』というのがありますが，これなどは KY という省略語が発生するはるか以前に書かれたものです。空気を言語音で表現するよりも空気を読む方がずっと難しいと思うのですが，日本人は昔からこのような離れ技を要求され，また実践してきたというまことに器用な民族であります。

49
dirt
▼
~「泥」はどろどろしたもの~

競馬などのレースで「ダートコース」とか「ダートトラック」といえば土で覆われたコースのことをいいます。したがって，dirt の意味は「土」であるといって間違いはないのですが，もともとはそうではないようです。dirt のもとの意味を探る前に，われわれの口の中でときどき起こるおもしろい現象についてお話ししておきましょう。

メタテシスとか音位転換という言語学の用語を持ち出すとたいへんむずかしい印象を与えるかもしれませんが，これはある単語の音がひっくり返って発音されることをいいます。たとえば，「新た」にされたものは「新しい」わけですが，「あらた」と「あたらしい」では「ら」と「た」の位置がひっくり返っています。これをメタテシスといいます。「あらた」のほうがもとの言い方ですから「あたらしい」は，本来は「あらたしい」だったのですが，どういうわけか「ら」と「た」の位置がひっくり返ってしまい「あたらしい」になってしまいました。

このような例はほかにもたくさんあります。「山茶花」と書いて「さざんか」と読みますが，これなどは漢字に忠実に読めば「さんざか」のはずです。つまり「ん」と「ざ」の位置が入れ代わって発音されているのです。地名

の「秋葉原」も同様で，もとは「あきばはら」でした。もとの読みを知ってか知らずか，この町に集うオタクのあいだでは「今日アキバでパソコンの部品を買った」などと普通に言われているのは不思議なことです。それから子供は「浴衣」を「ゆたか」と言って大人を笑わせます。これはべつにウケを狙っているものではなく，その方が言いやすいからそうなってしまうのだと思います。

　メタテシスは日本語だけの現象ではありません。英語のask はその源までたどれば ask（古英語では ascian）のままで正しいようですが，それでも近代英語の時代まで aks という言い方もありました。また，bird や third は，もともと brid であり thrid でした。thrid は three（古英語では þre）に序数を作る -dd を付けたのがもとの形ですから，本来は -ir- ではなく -ri- であったというのは納得できます。

　さて，問題の dirt ですが，じつはここにもメタテシスが起こっています。このことばは14世紀以降の英語の文献に現れるのですが，当初は drit という形をしていました。そしてその意味は「土」というよりもむしろ「糞」であったようです。drit がなぜ「糞」を表すのかについては，この単語の動詞形で，いまや廃語になってしまった drite と，以前に drive や draw，drip，drop などの語源で説明した *d(h)r- という子音群の表象が参考になります。

　尾籠な話が続きますが，動詞の drite はもちろん「脱糞する」という意味です。そこで以前に説明した *d(h)r- の表象である「物体が重力その他の力に抗しきれずに動く様

子」という意味をあてはめれば，driteの様子がリアルに想像できるというものです。drawやdripなどの場合には日本語の擬音副詞として「ズルズル」を参考にしましたが，ここでは「ドロドロ」のほうがぴったりしています。もちろん軟らかい土である「泥」は「ドロドロ」した様態だからそのように呼ぶのです。

　dirtの語源は以上のように説明できますが，その意味は「糞」のみならず「土」，「泥」，「埃」などにひろがりました。もちろん「汚い」を表すdirtyはdirtの形容詞形です。

＊　　＊　　＊

以前に話題として取り上げたように，風は「ビュー」，水は「ベタベタ」，そして火は「パッ」とか「バッ」あるいは「フォッ」というのと同じように，土や泥は「ドロドロ」いう音象徴語であることがわかりました。このように人間にきわめて近しい四大元素がすべて，もともとは音象徴によって造られたことばであるというのはおもしろい事実です。音象徴という語根創造原理が，いかに人間の言語活動にとって根源的なものであるかがよくわかります。

50
island
▼
~思い込みが生んだことば~

　ルネサンス期は古代ギリシャ・ローマの文化に対する再評価が盛んになり，古典語への意識が高まった時代です。

　中英語の時代に英語の中に大量に入ってきた外来語はフランス貴族たちがもたらしたフランス語でした。フランス語はもともとラテン語が崩れて土着化したことばです。そこでルネサンス期に古典文化を唱道した人文学者といわれる人々は，英語に入っているフランス系のことばをフランス語になる以前のラテン語の語形に戻して，本来の姿を復活させようとしました。

　辞書がなかった中英語の時代には外来語は耳に聞こえるがままに綴られていました。たとえば「借金」は det，「受領」は receit でした。ところがもとのラテン語ではそれぞれ debitum（デービトゥム），recepta（レケプタ）だったために，これらの語形を意識して det は debt に，receit は receipt に書き換えられたのです。しかし，ことばを人為的に改変しても，ことばを使うという人間の自然な行為がそれについていけない場合があります。そうして綴りが変わっても発音だけは以前のまま残ってしまいました。このようなルネサンス期に見られる語源を意識した綴り字を「語源的綴り字」といいます。

語源的綴り字はいつでも語源的に正しいとはかぎりません。テムズ川は th- ではじまるのにどうして [temz] と発音するのでしょうか。元来は Temes とか Temese と綴られていたのですが, 当時フランス語では [t] と発音する th の綴りがあったため, それをまねて th- に変えたようです。テムズ川とフランス語はなんの関係もないのですが, このような間違いが起こりました。

　間違いは川だけではありません。島にも起こりました。英語の「島」はもともと igland とか iegland と綴っていて「イーランド」と発音していました。なぜならば「水または川の中にある土地」ということで「水」や「川」を意味する古英語の ea（エーア）を land につけて作られたからです。

　ところがフランス語には「島」を表す isle ということばがありました。ルネサンス期の人はその isle が igland の語源であると思い込んで isle-land と書き始めたのです。これが17世紀までには island として定着してしまいました。しかし発音には -s- が入り込まず「イーランド」が「アイランド」になって現代に至っています。

　igland がフランス語の isle の影響を受けて island に変わったと記しましたが, 本当は igland と isle は語源的には何の関係もありませんでした。当時の「語源的綴り字」を復活させようとした人が間違っていたのです。isle はラテン語の insula（イーンスラ）「島」に由来しますが, 古英語で「水」とか「川」を表す ea は isle とは別系統のこ

とばです。古英語の ea は印欧諸語の中でたくさん残っている「水」を表すことばの1つです。同語源のことばにはラテン語の aqua（アクア）「水」やサンスクリット語の argha（アルガ）「水」があります。サンスクリット語は仏教のことばですが，仏前に水をお供えするための棚や容器である閼伽棚の「あか」は argha のことです。

　一般的に地名は歴史の中でその土地に住む民族が変わっても残りやすいようです。北海道にはアイヌ語起源の地名がたくさん残っていますし，北アメリカには先住インディアンのことばに由来する地名が多いのですが，とりわけ川や湖の名にはよく残っています。ヨーロッパではいろいろな民族の移動があったにもかかわらず，やはり印欧祖語の「水」に由来する古い地名がたくさん残っています。

　イギリスの河川名の Axe, Esk, Exe やドイツの Ah（アー）もそうですし，地名としてはカール大帝の都 Aachen（アーヘン）もそうです。この町は鉱泉が湧き出ることで有名で，古高地ドイツ語の ah は「鉱泉」を意味していました。Aachen のラテン名は Aquae Grani（アクアエ・グラニ）「鉱泉」ですし，また現在でもフランス語では Aix-la-Chapelle（エクス・ラ・シャペル）と呼んでいます。aix が「水」，そして chapelle はカール大帝の大聖堂のことです。おなじ aix をもつ地名として南仏の Aix-en-Provence（エクス・アン・プロヴァンス）があります。

51

education
▼
~英語版「大和ことば」の復活~

　国立国語研究所は，平成15年以来4回にわたって外来語の言い換え方を提案してきました。戦後，カタカナことばが日本語の中に陸続となだれ込んできましたが，これまで外来語として日本語に入ってきたことばはおおむね具体的なものの名前が多く，たとえば「ピクニック」や「ロケット」など，実際に自分が経験したり，目で見たりすればすぐに理解できる種類のことばであったと思います。ところが近年になって入り込んでいるのは具体的なものの名称ではなく，たとえば「リテラシー」とか「アクセシビリティー」などのように，抽象的なカタカナ語が多いようです。

　話はいまから600年近く前のイギリスに戻るのですが，英語の中へ古典語を借用した際に，やさしく言い換えた表現を添えるという現象が起きました。1500年代はイギリスのルネサンスにあたります。当時のイギリスでは，古典語であるギリシャ語とラテン語をいかにもありがたがって使いたがる傾向がヨーロッパのなかでもとりわけ強かったと言われています。これは，輝かしい文化を築いた古典語を借用して英語を表現力豊かなことばへと変えたいという，一種の愛国心から起こった現象です。

　当時のイギリス人の国語というものに対する意識は2種

類に分けられました。まず1つめは，それまで表現したことがない内容をできるだけ英語の語彙を駆使して表現してみようという態度です。聖書の英訳がその代表的な例です。中世を通して，聖書を各国語に訳すことは禁じられていましたが，16世紀前半にドイツで始まった宗教改革の結果，それが可能になりました。それまでは，神のことばをギリシャ語やラテン語以外の粗末で野卑な言語に訳すことなどできるわけがないと教えられていましたが，やってみればできたのです。

　英語に対するもう1つの見方は，分厚い文化の蓄積がある古典語に比べると，英語はまだまだ貧弱であるという考え方です。このように考えた人文主義者がせっせと古典語を借用しました。その代表としてトマス・エリオット卿という人がいました。エリオット卿は古典の教養をどうにかイギリスに移植しようと考えて，自分の著作の中で積極的に古典語を用いました。古典語の単語は昔からある英単語に比べると綴りが長くいかにも難解な印象を与えます。エリオット卿の本を見るとそのような単語がひしめき合っています。ところがよく見ると，その難しそうな単語の直後には"or ..."「あるいは……」を使ってやさしい英語に言い換えているのです。

　1つ例を挙げると，"the beste forme of education or bringing up noble children"「貴族の子弟を education あるいは bringing up するもっとも優れた形態」というように，当時まだ一般に知られていなかった education「教

育」という単語を bringing up「育て上げる」という平易な言い方で説明し直しています。bring も up も古英語の時代から使われ続けている英語版の「大和ことば」です。このような手間のかかった書き方をするエリオット卿の目的は，こうすることによって読者を抽象度の高い古典語に慣れさせて，それを英語の語彙へと定着させることだったのです。エリオット卿は1538年に羅英辞典まで出版します。

　さて，education の語源はラテン語の ex-「外へ」と ducere（ドゥーケレ）「引く」から成り立っており，「外へ引っ張る」つまり「(能力を) 引き出す」という意味です。ducere と同じ語源のことばとして，deduce は「下の方へ導く」つまり「演繹する」，introduce は「中へ引き入れる」つまり「紹介する」ですし，ほかに身分を表すことばとして duke「君主，公爵」は「率いる人」のことです。日本語にもなっている team「チーム」の原意はやはり「引くもの」で，何を引くのかといえば「同じ血を引くもの」，すなわち「同じ血統の家畜」を意味していたのですが，それを人間にもあてはめるようになったものです。

　このようにエリオット卿はその愛国心のため古典語をわざわざ使用していたのですが，当時のイギリスが大陸諸国よりもはるかに古典文化をありがたがって採り入れようとしたところは，西洋文化をありがたがった明治時代の日本人の心理と似ていたのかもしれません。

52
culture
▼
～土に根ざす「文化」～

　文化は文明に比べると土着的な性質をもっているといわれます。文化を構成するものとして言語，歴史，社会制度，生活習慣，宗教などがあげられますが，いずれも人間が地に足をつけて生きているその姿のことなのです。したがって人間が生きていることそのものが文化ともいえます。人間のあるところに文化があるわけです。

　動物にも捕食の文化があると主張する意見があります。しかし，ここでは文化の根底には象徴性があると考えたいと思います。だとすれば，動物は文化をもっていないことになります。象徴性というのは，何につけそのものずばりではなく，何かを媒体にし，「見なし」たり「聞きなし」たりしながら生活に組み込むということです。端的な例はおカネであったり言語であったりします。特定の紙幣を1万円と見なしてはじめて経済活動が成り立ちます。

　言語はある指示対象に対して本来それとはいかなる関係もない音を組み合わせて名称を作り，思考を可能にするものです。そして次に，その名称を秩序立てて並べると，意思の疎通が可能になります。指示対象とはいかなる関係もない音というのは人間の喉から出る音，つまり言語音のことです。仮にニワトリの鳴き声を表現するにしても，「コ

ケコッコー」というのは人間の言語音です。日本人がそのように聞きなしたのです。したがって同じニワトリの鳴き声でも人によって聞きなし方が違うのは当然です。日本人は「コケコッコー」ですが，アメリカ人は「コック・ドゥードゥル・ドゥー」と表現するのはそのためです。つまり，日本人の間では，一応ニワトリは「コケコッコー」という鳴き方にしておきましょうという了解があるわけです。それを言語文化といいます。日本の言語文化とアメリカの言語文化は違うのです。

　culture ということばは，以上のような特徴をもった文化というものを言い表すのにまことによくできたことばです。culture は，もとはといえば「耕作」という意味をもったラテン語の cultura（クルトゥーラ）がフランス語を経由して英語に入ってきたものです。もとは cultivation とほとんど同じ意味でした。「耕作」から「（動物の）育成，培養」という意味を経て，16世紀になると次第に「（心の）育成，涵養」という意味へと広がり，いわゆる「文化」とか「教養」という意味で広く用いられるようになったのは19世紀になってからのことです。

　動物は生存本能としてエサを食べます。これを行わない動物はいません。しかし食糧を得るためにわざわざ土を「耕す」のは人間だけです。ここに culture の本質があると思います。動物に言わせれば，わざわざ汗をかいて土を耕さなくても，春になれば芽が出て葉が出て花が咲き，実がなってくれるのですが，それでも人間は耕します。動物

の目には文化は無駄なものと映るはずです。ですから人間の世界でも背に腹は代えられない場合，文化は「仕分け」の対象になってしまいます。これを「貧すりゃ鈍する」と言います。

　人間の農耕文化をたどると，かなり早い段階から農耕機具を使用していたことがわかります。はじめは木を使っていたはずです。はじめて木を使った人は，その木を自分の手と「見なした」からそれを使ったのでしょう。鋤状(すき)のものから発達して何らかの車輪状の器具が生まれてきたことは，博物館などの展示を見ればわかります。

　culture や cultivation の cult- の部分は「回転する」という意味の印欧祖語の *kʷel- という語根にもとづきます。この語根から wheel「車輪」が出ます。またギリシャ語の kuklos（ククロス）「車輪」も同語源です。この kuklos がラテン語で cyclus（キクルス）になると，そこからさらにフランス語で cycle（シクル）「一回り」が生まれます。ギリシャ語の語形を見ると，そこから「転がる」とか「コロコロ」という日本語の表現を思い起こします。英語の cycle は y の部分が二重母音の［ai］に変わっているため，もともとの表象感覚がわからなくなっています。

　もちろん印欧語族の人々と日本人の表象感覚が似ているといっても，双方のあいだで行き来があったわけではありません。おそらく人間は丸いものが回転するさまを見たときに「コロコロ」というような音による象徴性を感じてしまうのです。これも人間ならではの言語文化です。

53
enlightenment
▼
〜啓蒙主義と宗教改革〜

　西洋は近代の始まりに起こった3つの出来事によって，その後の進むべき方向が決まったようです。それはルネサンス，宗教改革，啓蒙思想です。このうちルネサンスと宗教改革はどちらかといえば正反対の方向性をもっていました。そして宗教改革と啓蒙思想はいわば原因と結果のような関係になるのかもしれません。

　宗教改革というのは，ヨーロッパの各地で16世紀に起こった運動で，カトリック教会のシステムから離脱して，新しいシステムを作ろうとしたものです。1517年にドイツのマルティン・ルターがローマ法王庁に対して宗教改革の狼煙（のろし）を上げたのがきっかけでした。

　カトリック教会の教えによれば，罪を犯した人は神によって赦されますが，それで終わるのではなくて，その人自身が償いをしなければなりません。たまたまその当時，バチカンの大聖堂を建立するための資金が必要だったことなどもあって，教会は免罪符を売り，それを買うことによって人は償いに代えられると言われたのです。

　しかしルターはこの免罪符の売り方に反対を唱え，それが徐々にエスカレートして，これまでの教会を離脱し，自ら新しい教会を作ることにしたのです。この新しい教会を

従来の教会に「反抗する人々」という意味でプロテスタントと呼びます。

　そもそも償いという行為は個人の自由意志にもとづきます。カトリック教会は個人の自由意志を認める立場です。したがって個人が罪を犯さないように自らを律したり，善行を施すという道徳心が尊重されます。しかしルターが主張したのは，人は自分で聖書を読みさえすれば救済されるという考えでした。

　ルターはだれもが自分たちのことばで書かれた聖書を読めるようにするため，1521年に新訳聖書をギリシャ語からドイツ語に訳しました。こうしてヨーロッパのキリスト教信仰はカトリックとプロテスタントの両派に二分されることになります。両者の対立は市民にも広まり，ヨーロッパ中で長くて激しい宗教戦争が始まります。そして宗教戦争の終結には，1648年のウェストファリア条約を待たねばなりませんでした。

　ウェストファリア条約により，中世以来のキリスト教的共同体としてのヨーロッパは崩壊し，カトリック諸侯の国々とプロテスタント諸侯の国々へとバラバラになりました。これが現在のヨーロッパ各国の出発点です。ただし，ドイツの場合は国内でカトリックとプロテスタントの各地方に別れてしまいました。このうち勢力を伸ばしてきたのが北ドイツのプロイセンでした。ここはプロテスタントの王様を戴いていました。先述のようにプロテスタントの考え方は個人で聖書を読みさえすれば救済されますから，生

活の中で教会の占める割合が比較的小さくなる傾向がありました。プロイセンのフリートリヒ大王（1712-1786）は啓蒙的な王様としてよく知られていますが，簡単にいえば，この王様の考えは宗教的なことで論争するのはもうやめにして，その代わりに人間の教養や知性を宗教以外の分野に向けましょうということです。

　英語で「啓蒙」を enlightenment といいます。このことばは in と同じ意味をもった en- が light「光」につけられたものです。つまり「光を射し入れること」という意味です。動詞形 enlighten「明るくする」は14世紀から用いられていましたが，名詞形の enlightenment が使われるようになったのは17世紀後半で，まさにウェストファリア条約の直後です。神への信仰をめぐってキリのない争いをし，大量の血を流すような濛々漠々(もうもうばくばく)とした状況に「光を射し入れて」啓くというのが「啓蒙」の意味するところです。逆にこのような戦いを引き起こした熱狂を enthusiasm といいます。この語の前半の en- も「入る」という意味で，これが「神」を表す thus にくっついています。thus はラテン語の「神」Deus（デウス）と同じです。したがって enthusiasm は「神がとり入った状態」を示します。

　「神がとり入った状態」に光を照らして頭を冷やす時代。冷静さを回復して知性を理性的に用いる時代がやってきました。理性の時代になって近代科学が発展し，また百科全書なども編纂され，近代は現代へとつながっていきます。

● エピローグ

ことばとともに生きる愉しみ

　印欧祖語の時代から現代までの約6000年を，あるいは英語の始まりからなら約1500年を，ことばの語源を訪ねながら大急ぎで駆け抜けてきました。

　本書は筆者が在外研究でドイツのミュンスターに滞在している間に始めた「英語語源検定」というタイトルのブログから生まれたもので，はじめは英単語の語源をクイズ形式にして解説していくというものでした。ドイツでの生活は時間にゆとりがあったので，平日には毎日１つのテーマでブログをアップしていくことにしました。するとやり始めたら止まらなくなり，気がつけば50以上のテーマを扱っていたというわけです。

　さらにいえば，このブログを始めるのもう１つのきっかけがありました。それは，テレビ局やテレビ番組を制作する会社から寄せられた英単語の語源についての質問でした。どうやらクイズ番組やバラエティ番組で用いる話題を準備する過程で，筆者に問い合わせてこられたもののようでした。このような質問を何度も受けるうちに，世の中には語源について興味をもつ人々が少なからずいるのではないかと思うようになりました。

　いざブログを開設してみると，少しずつ閲覧者の数が増

えていきました。閲覧者が何を求めてこのブログに訪問してくれたのかを調べてみたことがあります。そこでわかったことは，たとえば education「教育」や culture「文化」，Renaissance「ルネサンス」，enlightenment「啓蒙」などのような抽象的な意味をもつ単語の語源を調べる人が多いということでした。

　面白いのは，英語の歌詞で頻繁に出てくる 'em「彼らに，彼らを」の由来もよく閲覧された項目の1つです。おそらく 'em の意味はわかるのですが，アポストロフィー（'）が付いているということは何かが省略されているはずである，ではいったい何が省略されているのだろうと，疑問に思う人が多かったのでしょう。

　それから春先には Easter「イースター」の項目に訪問者が集まる傾向にありました。日本ではイースターはクリスマスよりもあまり馴染みがないようです。筆者が大学でイースターの話をしたときに，学生のなかには「ウサギって卵を産みましたっけ」という質問を受けたのは論外ですが。

　季節というよりは時代を反映しているという点では，「環境」を意味する environment の語源を探る人が多いのは，この時代ならではという印象をもちました。

　どうやら，文化的で抽象的な意味をもったことばの語源を知りたいと思う人が多いようです。もちろんそれは大学でのレポートを作成するためかもしれませんが，つね日頃から抽象名詞はどうして生まれたのかという疑問を抱くの

は自然なことかもしれません。姿形のない抽象概念をどのように表現するのかは不思議な問題です。しかし本書でも記したように、抽象名詞も語源をさかのぼれば、具体的なイメージをもとに作られていることが多いとわかっていただけたのではないでしょうか。

そもそもわれわれが、ある単語はどうして○○と呼ぶのだろうという疑問を抱くのは、われわれが言語能力をもっていることの証ではないでしょうか。この疑問の背後には、「私だったら××と呼ぶけど」とか「この名前はこれを言い表すのにとてもふさわしいな」という印象が存在しているのだと思います。そしてこの印象が、われわれが世界に切れ目を入れて、それに名前を貼り付けるという、もっっとも人間らしい知性の働きにほかなりません。

人類の進化過程で、脳と言語の「共進化」という現象が発生したようです。ほかの霊長類と比べてヒトの脳が一段と進化したために言語が発生した。そしてその言語が進化すると、その刺激を受けて脳がさらに進化する。脳がさらに進化すると、それにしたがって言語もさらに進化する。このように、脳と言語が上向きのスパイラルとなって共に進化していくのです。

とにかく人間と言語は切っても切れない間柄にあります。だとすれば、言語があるから誤解が生まれるなどと言うのではなく、言語と愉しく付き合っていく。それが人生を楽しく、それも知的に愉しく生きるための１つの方法だと思います。

●英語・英国史年表

(古英語以前から近代英語成立まで)

年代	英語・英国史	参考
BC 4000頃		この頃まで単一の印欧祖語が存在か？
3000-2000頃	新石器時代にイベリア人がアフリカからヨーロッパ大陸を経てブリテン島へ移住 ストーンヘンジ	
700-100頃	鉄器時代にケルト人がブリテン島へ移住	
58-51		ローマ人ジュリアス・シーザーによるガリア征服
55-54	シーザーによるブリテン島征服ならず	
AD 43	ローマ皇帝クラウディウスによるブリテン島征服，ブリテン島はローマの属州となる	
122-26	ローマ皇帝ハドリアヌスが城壁を築く	
313		ローマ皇帝コンスタンティヌス1世がキリスト教を公認
350頃		[日本] 大和朝廷成立
375		ゲルマン民族大移動始まる
395		ローマ帝国が東西に分裂
410頃	ローマがブリテン島から撤退	
450-500頃	ゲルマン人のアングル族，サクソン族，ジュート族がブリテン島へ移住	
476		西ローマ帝国滅亡
538		[日本] 百済から仏教伝来
563	アイルランド系キリスト教の修道士聖コロンバがアイオナ島に渡り，ブリテン島北部にキリスト教を布教する拠点を作る	
597	アウグスティヌスがブリテン島南部へキリスト教を伝える	

635	エイダンがブリテン島北部にアイルランド系キリスト教を布教する	
6世紀後半	アングロ・サクソン人による7王国が成立	
7世紀半ば	『ベオウルフ』の原本成立か？	
664	ウィットビーの宗教会議でローマ教会のキリスト教へと統一	
710		[日本] 平城京遷都
8世紀半ば	アングロ・サクソン7王国のうちマーシアが栄える	
787	ヴァイキング襲撃始まる	
794		[日本] 平安京遷都
800		フランク王国のカール大帝が西ローマ皇帝になる
878	アルフレッド大王がデーン人とウェドモアの協定を結び，デーン人居住地域を定める	
962		神聖ローマ帝国がフランク王国を継承する
1042	エドワード証聖王即位	
1066	ハロルド2世即位	
1066	ノルマン征服によりウィリアム1世即位	
1192		[日本] 鎌倉幕府成立
1204	欠地王ジョンがフランス国内の大部分の領地を失う	
1336		[日本] 室町幕府成立
1337-1453	英仏間の百年戦争	
1348-50	イギリスでペストが流行	
1362	イギリス議会の開会がはじめて英語で宣言される	
1390頃	『ガウェイン卿と緑の騎士』	
14世紀末	ジェフリー・チョーサー『カンタベリー物語』	
1400頃-1600頃	大母音推移が始まる	

年		
1453		東ローマ帝国滅亡
1467-77		日本で応仁の乱
1476	ウィリアム・キャクストンがロンドンに印刷所を設立	
1517		ドイツでルターが宗教改革を始める
1525	ウィリアム・ティンダルが新約聖書を英語に訳す	
1531	トマス・エリオット卿『支配者論』で大量の借入語を使用	
1543		ポーランドのコペルニクスが地動説を唱える
1538	トマス・エリオット卿『羅英辞典』を著す	
1564	ウィリアム・シェイクスピア生まれる	
1590-96	エドマンド・スペンサーがチョーサー風の詩『妖精の女王』を発表	
1603		[日本] 江戸幕府成立
1611	ジェームズ1世『欽定英訳聖書』	
1665		ニュートンが万有引力を発見
1755	ジョンソン博士『英語辞典』	
1786		ウィリアム・ジョーンズ卿がサンスクリット語を「発見」。印欧比較言語学誕生のきっかけとなる
1795	リンドレー・マレー『英文典』	
1822		ヤコブ・グリム「グリムの法則」を発表
1861-62		アウグスト・シュライヒャーが印欧語族を樹形図として著す
1866		[日本] マレー『英文典』邦訳

[著者紹介]

織田哲司(おだ　てつじ)
1965年京都市生まれ。文学博士。上智大学大学院を経てロンドン大学へ留学（1996-1998年）。ドイツ・ミュンスター大学客員研究員（2009-2010年）。現在，東京理科大学准教授。

英語の語源探訪（えいご　ごげんたんぼう）──ことばと民族の歴史を訪ねて
© Tetsuji Oda, 2011　　　　　　　　　　NDC832／xii, 203p／19cm

初版第1刷──2011年11月15日

著者────織田哲司（おだてつじ）
発行者───鈴木一行
発行所───株式会社　大修館書店
　　　　　〒113-8541　東京都文京区湯島2-1-1
　　　　　電話03-3868-2651（販売部）03-3868-2294（編集部）
　　　　　振替00190-7-40504
　　　　　[出版情報] http://www.taishukan.co.jp

装丁者───下川雅敏
印刷所───藤原印刷
製本所───三水舎

ISBN978-4-469-24569-1　Printed in Japan

Ⓡ本書のコピー，スキャン，デジタル化等の無断複製は著作権法上での例外を除き禁じられています。本書を代行業者等の第三者に依頼してスキャンやデジタル化することは，たとえ個人や家庭内での利用であっても著作権法上認められておりません。